JN270477

わかりやすい **英語冠詞講義**

石田 秀雄／著

the flamingo
a cat
an egg

大修館書店

はじめに

　本書は，日本人学習者が最も苦手とする文法項目の1つである英語の冠詞が，どのような原理に基づいて決定されているのかを詳しく解説したものです。執筆に当たっては，大学で実際に講義するときのように，つねに具体例を示しながら，できるだけ丁寧にわかりやすく論じるように心がけました。

　冠詞のしくみについて体系的にお知りになりたい方は，第1章から順次読み進んでいただければ，可算名詞と不可算名詞，単数と複数，定冠詞と不定冠詞がそれぞれどのように使い分けられているのかおわかりいただけるものと思います。他方，まずは興味のある用例を中心にして冠詞の使い方の一端をお知りになりたい方や，一通り読み終わった後で改めて参照なさりたい方のために，巻末に語句・用例索引を設けていますので，その中から少し気になる用例を選び出し，それがどのような用法であるのかを本文の説明で（再）確認するという形でご利用いただくこともできます。

　なお，本書で使用した用例についてですが，主として中学校の教科書や学習者向けの英英辞典に載っている例文を採録するとともに，それぞれに日本語訳も添えておきました。同じ名詞の事例ではあっても，冠詞の有無やその種類などの点で違いが現れているものを，可能なかぎり対比させる形で並べていますので，例文を見比べたり，あるいはその日本語訳を眺めるだけでも，ひょっとしたら意外な発見があるかもしれません。

冠詞のしくみを知るためのハンドブックとして，ご自身の目的に合わせて，本書を活用していただければ幸いです。

著　者

目　次

はじめに　iii

第1章　冠詞とはどのような存在か……………………3
- ▶冠詞を使いこなすのは難しいか　3
- ▶なぜ冠詞の習得は難しいのか　4
- ▶冠詞は母語話者にも難しい　6
- ▶冠詞とコミュニケーション　7
- ▶化石化という現象　9
- ▶冠詞の復権を目指して　10

第2章　可算名詞と不可算名詞の使い分け……………13
- ▶可算名詞と不可算名詞という区分　13
- ▶認知のあり方が可算・不可算を決める　17
- ▶有界性を判断するための6つの基準　20
- ▶判断基準Ⅰ：an area of　21
- ▶判断基準Ⅱ：a period of　24
- ▶判断基準Ⅲ：an event / occasion of　29
- ▶判断基準Ⅳ：an instance of　32
- ▶抽象から具象へ　32
- ▶物質から物体へ　35
- ▶判断基準Ⅴ：a kind / type of　38
- ▶判断基準Ⅵ：a unit / serving of　44
- ▶原形と部分という対立的な関係　50

- ▶動物と魚に見られる原形と部分の対立　51
- ▶「丸ごと」という感覚　55
- ▶果実と野菜に見られる原形と部分の対立　58
- ▶原形と部分という対立的な関係を表す様々な事例　62
- ▶可算名詞と不可算名詞の使い分けは難しくない　67

第3章　単数と複数の使い分け ……………………………69
- ▶英語と日本語における「数」の役割　69
- ▶複数とは2以上を意味するのか　73
- ▶単数とは1を意味するのか　76
- ▶複数形をとっている1未満の数　78
- ▶複数性の問題を応用する　80
- ▶複数性との絡みから生じるニュアンスの差　83
- ▶多義的な関係　85
- ▶a＝one は正しいか　88
- ▶統合的認知と離散的認知　94
- ▶数詞との関係　97
- ▶複数個体と連続体　100
- ▶単数と複数の使い分けは難しくない　107

第4章　定冠詞と不定冠詞の使い分け ………………109
- ▶定冠詞の「定」とは何か　109
- ▶指示の構造を探る　113
- ▶定冠詞 the の外界照応的用法　116
- ▶人類全体が共有している一般的知識　117
- ▶特定の共同体が共有している一般的知識　120
- ▶ある特定の場面に当てはまる個人的・背景的知識　123

目　次

- ▶唯一的に同定可能であっても the が使われないケース　128
- ▶定冠詞 the の前方照応的用法　130
- ▶同一語による前方照応　131
- ▶同義語による前方照応　134
- ▶連想による前方照応　136
- ▶その他の前方照応　138
- ▶定冠詞 the の後方照応的用法　142
- ▶唯一的形容詞と定冠詞 the　142
- ▶序数詞と定冠詞 the　148
- ▶最上級と定冠詞 the　150
- ▶前置詞句と定冠詞 the　155
- ▶to 不定詞と定冠詞 the　161
- ▶関係詞節と定冠詞 the　163
- ▶there 構文と定冠詞 the　170
- ▶定冠詞と不定冠詞の使い分けは難しくない　175

第 5 章　冠詞に関わる様々な問題 ……………………177
1．特定性の問題
- ▶定性と特定性の違い　177
- ▶特定的か非特定的か　180

2．総称性の問題
- ▶総称性を表す 3 つの形式　183
- ▶the の持つ対比する力　189
- ▶プロトタイプとスキーマ　192

3．定冠詞による領域の限定
- ▶空間的な領域の限定　195
- ▶時間的な領域の限定　200

▶能動と受動　206
 4．**固有名の問題**
  ▶固有名とメトニミー　210
  ▶固有名とシネクドキ　214
 5．**総和の問題**
  ▶全体を意味する総和　223
  ▶多くの用例に当たり，英語の感覚を磨く　229

あとがき　231
主要参考文献　235
語句・用例索引　241

わかりやすい
英語冠詞講義

1
冠詞とは どのような存在か

▶**冠詞を使いこなすのは難しいか**

　英語の冠詞は、日本人学習者にとって、数ある文法項目の中でも最もわかりにくいものの1つだと言われています。なるほど、英語を聞いたり読んだりするときには、冠詞の存在をさほど気にする必要はありませんが、話したり書いたりする段になると、a なのか the なのか、それとも冠詞を付ける必要はないのかといった具合に、冠詞の使い方をめぐって途端に頭を悩ませることになります。英語を学んだことのある人ならば、誰もがそうした経験を持っているのではないでしょうか。

　確かに、外国語の学習とりわけ英語のように日本語とは構造がまったく異なる言語の学習は、非常に多くの時間と労力を要するものです。その意味では、いかなる文法項目の学習もそれ相当の困難を伴わざるをえないと言ってよいでしょう。しかし、英語の学習が進んで、関係代名詞や仮定法といった比較的難しいと考えられている文法項目が理解できるようになり、また3000語あるいは5000語といったレベルの語彙力がついてきても、冠詞の使い方だけは依然としてよくわからないと感じている学習者は少なくな

よくわかっている	0 %
だいたいわかっている	5.3%
あまりよくわからない	54.4%
わからない	24.3%
いずれとも言えない	16.0%

冠詞の使い方について

いようです。

　以前に筆者は，日本人の英語学習者たちの間で，冠詞という文法項目がどのように思われているのかを調べるために，高校2年生約180名を対象としてアンケート調査を行なったことがあります。上に掲げた表は，その調査結果を示したものです。高校2年生と言えば，英語を学習しはじめてから4年以上が経過しているという意味で，初級から中級程度の学習者にほぼ相当すると考えられますが，冠詞の使い方について「わからない」，「あまりよくわからない」と答えた者の合計は，実に80パーセント近くにまで達していました。冠詞を使いこなすのは，基本的な文法項目の学習を一通り終えた高校生たちにとっても，やはり難しいことのようです。

▶なぜ冠詞の習得は難しいのか

　では，いったいなぜ日本人の英語学習者は，いつまでたっても冠詞を自由自在に使えるようにならないのでしょうか。残念ながら，これは簡単に結論の出せるような問題ではありません。したがって，今後の研究成果を根気よく待つ必要があります。しかし，この問題に対する答えの候補をいくつかあげることくらいはできるでしょう。

　そうした候補の1つとしてまず考えられるのは，冠詞自体が有

1・冠詞とはどのような存在か

している性格が学習を困難にしているのではないかという点です。一般に，名詞や動詞は，事物や動作・状態などの割合とはっきりした意味内容を表すものであるため，内容語（content word）と呼ばれています。それに対して，冠詞や前置詞などは，表現を豊かにするためのものというよりは，いくぶん抽象的な文法関係を表示するために用いられるものであることから，機能語（function word）と呼ばれています。例えば，「本」を意味するbookという名詞と「その」といった意味を表すとされる定冠詞theを比べてみると，意味内容の明瞭さには歴然とした差が感じられるのではないでしょうか。名詞や動詞といった内容語に比べて，機能語としての冠詞に学習しにくいところがあるとすれば，表している意味が具体性を著しく欠いており，実体がなかなかとらえにくいという冠詞自体の性格が１つの原因になっているのかもしれません。

　冠詞の習得が難しい２つ目の理由は，冠詞がどの言語にも存在するような文法項目ではなく，いわば普遍性を欠いているという点です。名詞や動詞などの内容語はどの言語にも見られるものですが，冠詞を有する言語というのは数の点で非常に限られています。実際，日本語や中国語には冠詞が存在しませんし，英語と同じインド・ヨーロッパ語族に属する言語であっても，スラブ語派のロシア語などには冠詞に相当するものは見当たりません。他方，英語が属しているゲルマン語派のドイツ語やオランダ語，イタリック語派のイタリア語やフランス語などには冠詞が存在しますが，その使い方は英語の場合と多少異なっています。例えば，ドイツ語の場合，今でも冠詞自体が英語の代名詞のように格変化しますし，フランス語には不特定の若干量を表す部分冠詞と呼ばれるものがあります。もし言語類型論的に普遍的でない言語項目

は学習が困難になりがちであると考えることができるならば，一部の言語にしか見られないという意味で，周辺的な存在にすぎない冠詞の使い方を習得することは，どうしても難しくなると言えるのではないでしょうか。

▶冠詞は母語話者にも難しい

　こうした理由のためかどうかはわかりませんが，冠詞の習得は英語を外国語として学習している日本人にとってだけでなく，母語話者にとっても，相対的に難しい部類に入るようです。この点を確認するために，子供が英語を母語としてどのように習得していくのかを調査したハーバード大学の Roger Brown たちの研究を少しだけ繙いてみましょう。Brown らによれば，英語を習得している最中の子供の場合，まず1語期と呼ばれる段階で，名詞や動詞といった内容語を徐々に使いはじめるといいます。そして，2歳前後には，こうした内容語を上手に組み合わせた発話を行なうことができるようになりますが，冠詞をはじめとする機能語の使用はやや遅れがちになると述べています。そうした子供の言語発達の様子を，下に掲げた例を用いて簡単に説明しておきましょう。

(1) 大人：I will read *the book*.
　　子供（25か月半）：Read *book*.
　　子供（28か月半）：I will read *book*.
　　子供（30か月）：I read *the book*.

上例は，大人が行なった I will read the book. という発話を子供に繰り返すように指示した実験の結果を示したものです。子供の

1・冠詞とはどのような存在か

発話を見てみると，基本的な意味を担う名詞と動詞はだいたい正しく繰り返されていますが，30か月つまり2歳半に達していない子供の発話では，冠詞がつねに省略されていることがわかります。また，上の実験では，子供に大人の発話を模倣させることによって習得の状況を調べるという方法が採られていますが，自発的で自然な発話の場合でも，一般に年齢が低いと，冠詞は省略される傾向があるということがやはり報告されています。

▶冠詞とコミュニケーション

さて，冠詞の習得が非常に困難なことであるとしても，英語を学習している人たちは，実際に英語を話したり書いたりするときには，何らかの方法で冠詞の問題に対処していかなければなりません。ここでは，学習者たちがどのような対処のしかたをしているのかを簡単に見ておきたいと思います。

最初に頭に浮かんでくる対処法はと言えば，初めから冠詞を意識的に省いてしまう方法で，一般に省略（omission）と呼ばれています。幸か不幸か，実際のコミュニケーションでは，冠詞を抜いてしまっても，かなりの程度意思の疎通を図ることができます。例えば，下に掲げた文では，本来付けるべき冠詞がすべて省かれています（文の前にある*印は，この文が非文法的であることを表しています）。

(2) *Please can you lend me pound of butter till end of week?

確かに，(2)の文では，冠詞がまったく用いられていませんが，「週末までバターを1ポンド貸してもらえませんか」といったよ

うな意味であろうことは十分に伝わってきます。内容語である名詞や動詞が、ある程度しっかりした構造の中に挿入されているかぎり、冠詞がすべて省略されたとしても、文全体の意味を把握することはさほど難しくはないと言ってよいでしょう。

このように、冠詞をまったく使わなくても、それなりにコミュニケーションを図ることができるために、誤答分析と呼ばれる研究分野では、冠詞の誤りはコミュニケーションを大きく妨げることのない局所的な誤り (local error) として分類され、これまであまり問題視されることはありませんでした（ちなみに、冠詞の誤りに代表されるような局所的な誤りに対して、語順の誤りなどは文の理解やコミュニケーションに重大な支障を来す恐れのある全体的な誤り (global error) として分類されています）。冠詞の誤りが放置されてきたのは、局所的な誤りの場合、仮にそれによって誤解が生じたとしても、話者がさらに話を続けていくならば、聞き手の受け取る情報量もそれに平行して増加していくため、最終的には、そうした誤解は解消されるはずだと信じられてきたからかもしれません。もちろん、その背景には、冠詞を誤って用いたとしても、学習者が冠詞にこだわりすぎてコミュニケーションがとれなくなるほど委縮してしまうよりはるかにましだというコミュニケーション重視の考え方が横たわっています。

さて、もう1つの対処のしかたとしては、どの冠詞を使ったらよいのか迷ったときには、とりあえず定冠詞の the を付けておくという方法があげられます。これは、過剰使用 (overuse) と呼ばれているものですが、こうした the を頻繁に用いる傾向は、とくに日本人学習者の間で顕著に見られる現象だと言われています。もっとも、the をつい多用してしまうという傾向は、どうやら英語を使用するときだけに限られているわけではないようで

1・冠詞とはどのような存在か

す。下に掲げた例は，いかに日本人が the や「ザ」を好んで用いているかを端的に示しています。

(3) the brilliant green（バンド名）
(4) THE　夜もヒッパレ（テレビ番組名）
(5) ザ・テレビジョン（雑誌名）

このほかにも，定冠詞の the あるいはそれに対応する「ザ」が使われている事例は，枚挙にいとまがないと言ってよいほど目にします。ひょっとしたら，すでに英語の the あるいはカタカナの「ザ」を含んだ表現は，日本人が the に対して描いている独特のイメージ（それは，英語本来の用法とはかなり異なるものです）とともに，日本語の奥深くにまで浸透してしまっているのかもしれません。

▶化石化という現象

冠詞を誤って用いたとしてもかなりの程度コミュニケーションが図れるのだとすれば，細かい用法であれこれと頭を悩ます前に，冠詞を使用しないこと，あるいは一貫して the だけを使用することに決めてしまうというのも，対処法としては有効であると言えるでしょう。今日，英語は国際的なコミュニケーションの手段として用いられており，英語によるコミュニケーションの相手は母語話者であるイギリス人やアメリカ人だけでなく，タイ人やロシア人といった非母語話者をも含んでいます。そうした多種多様な人々を相手にした英語でのやりとり，とりわけ瞬時的な対応が求められる話し言葉でのやりとりにおいては，こまごまとした冠詞の用法にまでいちいち気を使っていられないというのが実情

ではないでしょうか。

しかし，冠詞の習得という意味では（ただし，あくまで「冠詞の習得という意味では」という限定つきではありますが），これは極めて困った問題であると言わねばなりません。なぜなら，そのようなことをいつまでも続けていると，「冠詞抜きでも何とかなる」あるいは「とりあえずtheだけ使っておこう」といった態度が身についてしまい，意識的にしろ無意識のうちにしろ，どこかの段階で冠詞の学習を完全に止めてしまうからです。

近年，その発達が著しい第2言語習得論という研究領域では，学習を途中で止めてしまい，不正確な言語表現が固定化してしまう現象のことを化石化（fossilization）と呼んでいます。日本人の英語学習者の場合，時間のかかる冠詞の学習を途中で放棄してしまうことによって，こうした化石化が生じているようです。とはいうものの，冠詞の誤りがコミュニケーションに重大な支障を来すことのない局所的な誤りにすぎないと考えられているかぎり，冠詞の学習に大きな意義を見出す学習者はほとんどいないというのも仕方のないことでしょう。

▶冠詞の復権を目指して

比較的単純なコミュニケーションを図るだけであれば，冠詞を正しく使用できることの重要性はさほど大きくはないかもしれません。その意味では，冠詞を学習しようという動機づけがどうしても不十分になりがちなのは，非常にもっともなことです。また，名詞や動詞などと比べて，冠詞自体が具体的な意味内容を欠いているだけでなく，日本語に冠詞あるいはそれに近い文法項目が存在しないことから，冠詞の習得には非常に大きな困難を伴わざるをえないということも，そうした傾向に拍車をかけているか

1・冠詞とはどのような存在か

もしれません。

　しかし，だからと言って，冠詞の学習を手つかずのままの状態でいつまでも放置しておくわけにはいきません。後に詳しく見るように，冠詞は英語的な「もの」の見方を表しているだけでなく，場面や文脈に応じたコミュニケーションのあり方を表す極めて重要な文法標識だからです。表面的には非常に小さな存在であるかのように思われるかもしれませんが，けっして「紙の上の汚れ」や「聴き取るに値しない雑音」などではないのです。英語を読んだり聞いたりする際により深い理解が得られるようになるためにも，また書いたり話したりするときに伝えたい内容をより正確に表現できるようになるためにも，冠詞のしくみを十分に理解しておくことは非常に大切なことです。

　本書は，可能なかぎり多くの具体例を提示することによって，英語の冠詞が決定されるしくみをできるだけわかりやすく説明していくことを目的としています。ただし，冠詞の用法をすべて網羅したある種のリストを作ろうというのでなく，むしろ冠詞の根底にあるはずのシステムをしっかりと把握することを目指すものです。また，本書に収めた用例の数は350余りに達しましたが，その扱いについては，とくに次の2つの点に留意しました。第1の点は，同じ名詞が使われている事例を，対比という形で提示するようにしたという点です。同じ名詞の事例ではあっても，冠詞の有無あるいはその種類が異なるものを並べるという手法を採ることで，両者（場合によっては，それ以上の事例）の間に現れる意味やニュアンスの差をかなりの程度浮き彫りにすることができると思われたからです。第2の点は，学習者向けの英英辞典が掲げている用例や中学校の教科書に載っている英文をできるだけ使用するように努めたという点です。これは，冠詞についての議論

はどうしても抽象的で理屈っぽくなりがちですが，初級から中級程度の学習者でさえも遭遇しうる事例を取り上げることによって，多少なりとも親しみやすさが増すのではないかと考えたからです。

　ここで，次章以降においてどのような問題が扱われることになるのかを簡単に概観しておきましょう。まず，この後の第2章では，日本人学習者にとって極めて厄介な問題である可算名詞と不可算名詞の使い分けがどのような基準にしたがってなされているのかという問題を検討します。続く第3章では，日本語ではあまり意識されることのない単数と複数の使い分けについて，さらに第4章では，これもまた日本人学習者にはわかりにくいとされている定冠詞と不定冠詞の使い分けについて論じるつもりです。そして，最後の第5章では，冠詞に関わる様々な問題を取り上げ，それらにまつわる興味深い現象について考察を加えていきたいと思います。

　本書は，これまでの英語教育において等閑視されてきた冠詞の名誉回復を図り，その十全な復権を目指そうという筆者のささやかな願いから誕生したものです。言語類型論的に見れば，前述したように，a や the はどの言語にも観察される普遍的なものではなく，周辺的な存在にすぎません。しかし，逆の考え方をすれば，周辺的な存在だからこそ，そこには英語にしか見られない，まさに英語に固有の特徴が如実に現れていると言えるのではないでしょうか。英語の本質は，冠詞の中に凝縮されていると言っても過言ではありません。学校の授業で見過ごされてきた冠詞という存在に新たな光明を当て，そこからさらに英語という言語の本質的な部分へと迫っていく，これが本書の最終的に目指しているところです。

2
可算名詞と不可算名詞の使い分け

▶可算名詞と不可算名詞という区分

　私たちが中学校や高校で学んできたいわゆる学校文法では，名詞の下位区分として，可算名詞と不可算名詞という2つのカテゴリーが認められています。言うまでもないことですが，可算名詞は数えられるものを表し，不可算名詞は数えられないものを表すという理由から，そうした名前が付けられています。

　例えば，desk と information という2つの名詞について考えてみましょう。

(1) *desk*
　　a desk*
　　two desks*
　　many desks*
(2) information*
　　an information
　　two informations
　　many informations

一般的には,「机」を意味する desk は可算名詞として,「情報」という意味で用いられた information は不可算名詞として分類されています。そのため, desk という名詞は不定冠詞の a や数詞などといっしょに使うことが可能ですが, information はそれらといっしょに使うことができないことになっています。反対に, desk は何も付けずに単独で用いることが原則としてできませんが, information の方は裸で用いることが可能であるとされています。

　可算名詞と不可算名詞という分類は,(1)や(2)の例で見たように, 両者が持っている文法面での特徴をはっきりと示しているという意味で, 私たちに貴重な情報を提供してくれています。しかし, こうした区分のしかたは, いくつかの重大な問題を抱えていることもまた事実です。まず第1の問題は, 可算名詞と不可算名詞がどのような基準にしたがって分類されているのかという点です。分類基準として, 私たちの頭に真っ先に浮かんでくるのは,「単数形と複数形という区別があり, 不定冠詞 a を伴うことができるかどうか」といったものではないでしょうか。ところが, 実際には, こうした基準は可算名詞と不可算名詞を分類するに当たって, 必要最低限のことを表しているにすぎません。可算名詞と不可算名詞を区分する基準について明確に述べている辞書や文法書はあまり見当たりませんが, 幸いなことに, この問題について綿密な調査を行なった研究があります。ここでは, それらのうち2つの研究が示している分類の基準を下に掲げておきましょう。

　　Ⅰ．a．形態（単数形・複数形の別）
　　　b．冠詞 a, 数詞, many, much などとの共起関係
　　　c．動詞（単数・複数）との呼応

2・可算名詞と不可算名詞の使い分け

  d．代名詞化（単数・複数）
II．a．複数形可能
  b．数詞がつく
  c．不定冠詞がつく
  d．裸使用可能・決定詞不要

上記の2つの分類基準は，可算名詞と不可算名詞という区分を設けるときには，単数形と複数形という区別があり，不定冠詞aをとることができるかどうかということだけでなく，数詞を伴うことが可能かといった点などをも考慮に入れなければならないという事実を指摘するものです。しかし，多少の違いも見られます。例えば，Iに掲げた基準の場合，動詞との呼応において，あるいは代名詞化されたときに，名詞が単数扱いになるのかそれとも複数扱いになるのかという点が問題とされているのに対して，IIの基準では，冠詞や形容詞的用法の指示代名詞（this, thatなど），人称代名詞の所有格（my, yourなど）といった決定詞と呼ばれている語を伴うことなく名詞を裸で使用することが可能かどうかという点が問題とされています。

 共通点だけでなく，このような相違点が存在するのは，実を言えば，可算名詞と不可算名詞を分類する基準が必ずしもはっきりと確定しているわけではないからです。つまり，今のところ，両者を区分する絶対的な分類基準は存在しないということです。そのため，可算名詞と不可算名詞の分類のしかたが，辞書によって若干異なるという事態が生じています。

 第2の問題は，ほとんどの名詞が可算名詞・不可算名詞の両方の形で用いることができるという点です。まずは，次の例を見て下さい。

(3) I baked *a loaf of bread.*
　　（パンを1斤焼いた）
(4) Supermarkets sell *many different breads,* from French sticks to pitta bread.
　　（スーパーでは，フランスパンからピタに至るまで多くの様々なパンが売られている）

　私たちは bread という語は典型的な不可算名詞であり，可算名詞の形で使用することは誤りであると習ってきました。確かに，「パン」を数える場合，(3)のように，例えば loaf という単位が用いられ，bread 自体は不可算名詞の形で用いられます。しかし，「パン」の種類を強調したいときには，(4)に示したように，可算名詞の形で用いることは十分に可能なのです。

　学習者向けの英英辞典や英和辞典の多くは，CやUといった記号を用いて可算名詞・不可算名詞の区別を記載しているだけでなく，CUやUCという表記によって順序づけを行ない，どちらの形の方がより頻繁に用いられるかを表示しています。しかし，このような表示は一定の傾向ないしは統計的平均を表したものにすぎず，その意味では，可算名詞・不可算名詞という用語よりも，名詞の可算用法ならびに不可算用法という名称を用いた方が，本来的にはより適切であると言えます。英語の名詞は，最初から可算名詞と不可算名詞とが別々に存在していると思っている学習者が多いようですが，「これは可算名詞であり，それは不可算名詞である」といったようなことは，実際の英文の中で使用されてはじめて言えることなのです。しかし，余計な混乱を招くのを避けるために，本書では，これまでの学校文法の伝統にならって，可算名詞・不可算名詞という用語を引き続き使っていくこと

2・可算名詞と不可算名詞の使い分け

にしたいと思います。

▶認知のあり方が可算・不可算を決める

　可算名詞と不可算名詞を区分する基準については，先程見たⅠおよびⅡのように，文法形式の面から名詞を分類するという方法があります。しかし，本書ではそのような方法を視野に収めながらも，それとは異なるアプローチを採ることにします。そのアプローチとは，ある名詞の指している対象や表している概念が，なぜ数えられるものとして，あるいは数えられないものとして扱われているのかを，ある程度明確に示してくれる判断基準を探るという方法です。以下の議論では，認知言語学と呼ばれている研究分野の知見をできるだけ素朴な形で応用することによって，可算名詞と不可算名詞を区分する判断基準をわかりやすい形で提示していくことにしましょう。

　さて，最初に考えておかなければならないのは，可算名詞の形を用いるのかそれとも不可算名詞の形を用いるのかは，どのような原理に基づいて決定されているのかという点です。本書においては，1つの考え方として，有界性（boundedness）という概念を導入したいと思います。有界性は認知言語学でも用いられている概念ですが，ここでは簡単に「ある名詞の表している対象が境界線によって仕切られているのかどうかを意味するもの」として理解しておくことにしましょう。

　これにしたがうならば，有界的な存在として認識されるものとは，境界線によって仕切られているために，個体的，個別的，非連続的といった表現によって特徴づけられる性質を有するものということになるでしょう。他方，非有界的な存在として認識されるものとは，境界線がないかもしくは明瞭でないために，均質

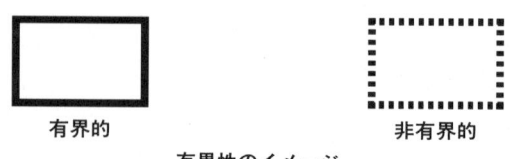

| 有界的 | 非有界的 |

有界性のイメージ

的, 非個別的, 連続的といった表現によって特徴づけられる性質を有するものということになります。こうした有界的・非有界的という特質を持った存在のイメージを描いてみるならば, おそらく上図のようになるでしょう。

　ただし, 名詞の表している対象は, 必ずしも現実に存在するものとはかぎりません。例えば, unicorn といった架空の存在を表す名詞や, number などのように概念的な内容を表しているために対象の形状が把握しにくい名詞があるからです。また, 物理的な形状がどのようなものであるのかという点は, 有界性の判断に大きな影響を与えてはいますが, その影響は絶対的なものではありません。むしろ言語を使用する主体としての話者の解釈が大事であり, 有界的か非有界的かの判断は, 対象の外見的な特徴をそのまま反映したものではなく, 話者が対象をどのようにとらえているのかを映し出したものとして見ることができます(もっとも, 言語は慣習でもあるわけですから, そうした慣習からあまりにもかけ離れた使い方は, 原則としてできません)。そして, 有界的なものとしてとらえられた場合, 最終的には, 可算名詞の形で言語化され, 非有界的なものとしてとらえられた場合は, 不可算名詞の形で言語化されることになります。

　少々説明が長くなりすぎた嫌いがあるので, このあたりで具体例を用いて考えていくことにしましょう。

2・可算名詞と不可算名詞の使い分け

(5) I've been watching *TV* all afternoon.
　　(午後の間ずっとテレビを見ていた)
(6) We're getting *a new TV*.
　　(新しいテレビを買うんだ)

　上の2つの例に対して、日本語ではどちらも「テレビ」という表現が使われていますが、英語では両者はしっかりと区別されています。すなわち、(5)のTVは、電波によって画像を送ること、あるいは送られてきた画像が映し出されている状態という少し抽象的な意味を表しているために、非有界的なものと認識され、不可算名詞の形が用いられています。抽象的であるということは、その形状がとらえにくく、境界線が明確でないことを意味するからです。しかし、(6)の方は、「テレビの受像機」という物理的な形と重さを持った存在を表しているために、有界的なものとして認識され、不定冠詞 a を伴って、可算名詞の形で用いられています。この場合、「テレビの受像機」は境界線を有する一種の箱としてとらえられているわけです。

　もしどちらの形を使っても、意味の面で何の違いも生じないとするならば、可算名詞と不可算名詞の間の区別はまったく恣意的だということになるでしょう。恣意的というのは、簡単に言ってしまえば、「そのようになっているからそうなのであって、十分な根拠に基づいているわけではない」ということです。しかし、上例からも明らかなように、可算名詞と不可算名詞の区別はまったく恣意的なわけではなく、それなりに筋の通った根拠が存在すると考えられることから、両者は有契的あるいは動機づけられた (motivated) 関係にあると言えます。(5)と(6)の間に現れているのは、話者が対象をどのようにとらえているのかという主体的

な解釈の違い、つまり認知のあり方の違いなのです。

▶有界性を判断するための6つの基準

このように、有界性は可算名詞と不可算名詞とを区別する上で最も重要な概念です。後は、この概念をいかに拡張し、応用を図っていくかということなるわけですが、本書では、有界性を決定する基準、つまり可算名詞を用いるべきかそれとも不可算名詞を用いるべきかを決定するより具体的な判断基準として、次に掲げた6つのパターンを提案したいと思います。

　Ⅰ．an area of
　Ⅱ．a period of
　Ⅲ．an event / occasion of
　Ⅳ．an instance of
　Ⅴ．a kind / type of
　Ⅵ．a unit / serving of

上記の判断基準のうち、Ⅰの an area of は境界線によって仕切られたという有界性の性質を最も典型的に表している原型もしくはプロトタイプ（prototype）であり、他の基準はそこからの拡張ないしは派生によって得られるものです。

もちろん、これらの基準だけですべてが網羅されるわけではありません。また、相互に重なり合っている部分もあるでしょう。しかし、有界性を判断する上での基本的なところは、これらだけでもかなりの程度カバーできるのではないかと思います。以下では、それぞれの基準について、具体例を示しながら順次説明していくことにしましょう。

2・可算名詞と不可算名詞の使い分け

▶判断基準Ⅰ：an area of

　まずは，有界性に関わる判断基準の原型である an area of からですが，ここで18頁の図をもう1度見ておきましょう。この図は平面つまり2次元の世界として描かれたものですが，境界線によって仕切られたという感覚自体は，空間という3次元の世界へ移し替えても，別段差し支えないように思われます。したがって，ここでは2次元の平面もしくは3次元の空間において境界線によって仕切られているかどうかを表すケースを，便宜上，an area of とまとめて呼ぶことにします。

　それでは，具体例の分析を進めていきましょう。次の例を見て下さい。

(7) There is *space* for three cars in this garage.
　　（このガレージには車を3台とめるスペースがある）
(8) Is there *a space* for the car in the firm's car park?
　　（会社の駐車場に，その車をとめるスペースはあるか）

space という名詞が表している対象は，日本語で「余裕」や「余地」と呼ばれているものです。英語では，通例，境界線によって仕切られていない非有界的な空間としてとらえられるため，(7)のように，不可算名詞の形で用いられます。

　しかし，話者が対象を境界線によって仕切られたものとして認識した場合には，(8)に示したように，可算名詞の形をとることになります。この場合，境界線のない非有界的な空間としてとらえられている space が，何らかの方法によって仕切られ，有界的な状態にあるものとして認識されているわけです。そうした仕切りの典型的な例としては，1台ずつ駐車できるように白い線が

引いてあるといった状況を思い浮かべることができるかもしれませんが，有界性の判断は，話者自身の主体的な認知活動を通じて行なわれるものですから，そのような線は必ずしも実際に引かれていなくても構いません。たとえ仮想のものであっても，境界線の存在を話者が心の中で描いていれば，それで十分なのです。

　ちなみに，space が「宇宙」を意味する場合は，不可算名詞として使用される必要があります。

　　(9) The USA sent a research satellite into *space*.
　　　（アメリカは宇宙に調査衛星を送った）

可算名詞の形が使えないのは，まだ「宇宙の果て」が確認されていないため，非有界的なものとして認識するほかはないからでしょう。

　次の room という名詞も，この an area of という判断基準にしたがって，可算名詞か不可算名詞かが決定されている例であると言えます。

　　(10) Oh, please, please make *room* for me.
　　　（お願いですから，もう少し詰めて下さい）
　　(11) He took *a room* in a hotel in the town.
　　　（彼はその町のホテルに部屋をとった）

(10)の room は，融通無碍に変化する非有界的な空間である「余裕」とか「余地」といった意味を表しているために，不可算名詞の形が使われています。それに対して，(11)において可算名詞の形で用いられている room の方は，「部屋」という私たちにも非

2・可算名詞と不可算名詞の使い分け

常に馴染みのある意味を表すものです。可算名詞の形をとった場合に，room が「部屋」という意味を表すようになるのは，壁，窓，天井，床などを境界線に見立てることによって，非有界的な空間の周囲が仕切られ，有界的な存在として認識することのできる新たな空間が生み出されるからです。

下に掲げたような少し面白い例も，an area of という判断基準にしたがって，可算名詞か不可算名詞かが決定されていると解釈することができます。

(12) I had imagined that being married to Max would be *heaven* on earth.
（マックスと結婚したら，これ以上の幸せはないだろうと想像した）

(13) If there is *a heaven* on earth, this is it!
（もし地上の楽園というものがあるとすれば，これこそがそれだ）

まず，(12)において，heaven が不可算名詞の形で用いられているのは，「至福」ないしは「極楽」という日本語で表現されるような非有界的な状態を意味しているためです。そこには，幸運にもそのような状態に入ることができたら，境界線を認識することなどはありえないといった感覚が働いているようです。それに対して，(13)の heaven は，不定冠詞 a を伴っていることからもわかるように，可算名詞の形で用いられています。これは，おそらく話者の意識の上では，「地上の楽園」が他の場所とは異なり，境界線によって仕切られるべき特別な存在として認識されているためではないかと思われます。

こうした例以外にも，environment, ground, land, paradise, shadow, size, sky, society などのような空間的な広がりを表す名詞の場合，可算名詞かそれとも不可算名詞かの選択は，この an area of という判断基準が適用されることによって決定されると考えてよいでしょう。上記の名詞がどのような使われ方をしているかを，ぜひ一度辞書で調べてみることをお勧めします。

▶判断基準Ⅱ：a period of

　前項で見た an area of という可算名詞か不可算名詞かを決定するための判断基準は，2次元の平面または3次元の空間が境界線によって仕切られているかどうかということに関わるものでした。それに対して，ここで見ていく a period of の場合，時間を直線という1次元の世界としてとらえた上で，境界線によって区切られているものとして認識するのかどうかが問題となります。

　一般に，時間というものは，いつ始まりどこまで続くのか誰にも知りえないものです。したがって，時間軸上で境界線によって区切られた領域があるという認識，すなわち時間枠という認識が生じないかぎり，時間の面から表現される対象は，非有界的な存在としてとらえられ，最終的に不可算名詞の形で言語化されます。しかし，問題となっている対象が始めと終わりのある1つの時間枠としてとらえられたときには，時間軸という直線の上で区切られた，まさに a period of で表現されるような有界的な存在を意味するようになり，結果として，可算名詞の形で言語化されます。

　次頁に掲げた図をご覧下さい。すでに指摘したように，有界性を決定する上でのプロトタイプ的な判断基準である an area of

2・可算名詞と不可算名詞の使い分け

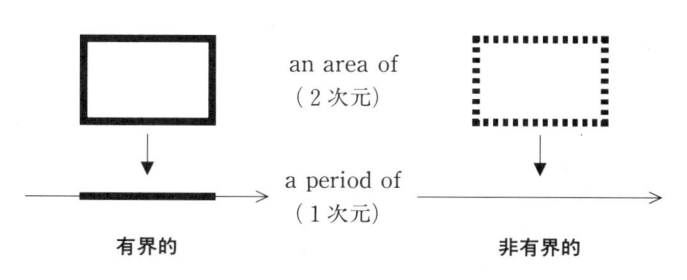

```
         ┌─────────┐              ┌┄┄┄┄┄┄┄┄┄┐
         │         │   an area of  ┆         ┆
         └─────────┘   (2次元)    └┄┄┄┄┄┄┄┄┄┘
              ↓                         ↓
    ─────━━━━━━━─────→  a period of  ─────────────→
                         (1次元)
         有界的                        非有界的
```

an area of から a period of への変換

は，基本的に2次元の平面が境界線によって仕切られているかどうかを表すものであり，これは図の上半分のように描くことができます。これに対して，a period of という判断基準は，an area of の拡張ないしは派生によって生み出されるもので，原理的には，2次元の平面を1次元の世界へと単純に変換しなおしたものと理解してよいでしょう。すなわち，悠久に流れる時間というものを，図の下半分のように，直線の形で描いてみるならば，第2の判断基準である a period of が表している時間枠によって区切られた領域は，ある長さを持った太線の部分として表現することができるのです（時として，a space of time という表現を見かけることがありますが，これは上図とは逆の方向へ，つまり時間という1次元の世界（直線）を2次元の世界（平面）へと改めて変換しなおしたものと言ってよいでしょう）。他方，時間枠の存在が認められなければ，単なる時間軸として直線によって表現されるだけです。

この a period of という判断基準にしたがった例として，まずは最も基本的なものと思われる time という名詞から見ていきましょう。

(14) *Time* flies.
　　(光陰矢のごとし)
(15) You lived in London for *a time,* didn't you?
　　(しばらくロンドンにお住まいでしたよね)

(14)の文はことわざですが，この例において不可算名詞の形をとっている Time は，始まりというものが感じられない遠い過去からやって来て，未来の果てへと至る非有界的な存在としてとらえられた，つまりまったく区切りの感じられない漠然とした「時間(というもの)」を意味しています。他方，(15)の a time は，ほぼ a short period of time に相当するものであり，短いながらもある一定の「期間」であったことを表しています。もちろん，こうした「期間」として認識されている時間枠は，より明確な形で表現することもできます。ただし，その場合には，year, month, week, day, hour, minute, second といった具体的な単位を表す名詞が用意されていますから，これらを用いて表すことになります。

a period of という判断基準にしたがって，可算名詞か不可算名詞かが決定される例として，さらに silence という名詞を取り上げてみましょう。

(16) There was *silence* in the theatre as the curtain rose.
　　(カーテンが上がると，劇場は静まり返っていた)
(17) There was *a long silence* after she had finished speaking.
　　(彼女が話し終わると，長い沈黙があった)

2・可算名詞と不可算名詞の使い分け

今さら言うまでもありませんが、日本語で「沈黙」を意味する silence は、まったく音がしない状態を表すものです。その「しーん」と静まり返った状態を、いつからいつまでという時間的な限定を設けずに認識した場合には、(16)のように、silence は不可算名詞の形が用いられます。それに対して、長いか短いかにかかわらず、何も音のしない（あるいは誰も話さない）状態がある一定の時間的な幅をもって続いていることを表現したいときには、可算名詞の形が用いられます。(17)の a long silence は、まさにそうした例であると言えます。

続いて、history という名詞が使われている例を見ることにしましょう。この名詞の場合も、やはり a period of という判断基準によって、その用法が決定されています。

(18) It was a great date in *history*.
　　（それは歴史上、重大な日であった）
(19) China is a very big country with *a long history*.
　　（中国は長い歴史を有する非常に大きな国だ）

一般に、「歴史」というものは、最も端的には、単なる時間の流れとして、あるいは時間が流れた後に生じる過去として把握されるべきものです。そこには、「歴史」の始まりとか終わりといった意識が芽生えないほど、悠久に続くものだという認識があります。そうした「時間の流れとしての歴史」は、「時間（というもの）」を意味する time の事例と同様、境界線を持たない非有界的な存在としてとらえられ、不可算名詞の形で表現されます。(18)の history は、そのような例として解釈することができるでしょう。しかし、「有史以来」という言葉があるように、「歴史」

と言った場合，どこかに始点が存在し，つねに現在が終点となる変遷なり流動する姿なりを表していると考えることもできます。(19)の例では，history は不定冠詞 a と long という形容詞を伴い，可算名詞として言語化されています。これは，明確な形ではなくとも（中国の場合，巷間(こうかん)，4000年とも5000年とも言われています），歴史の淵源が時間軸上のどこかに想定されているからであると理解してよいでしょう。つまり，この例における history は，有界的な存在としてとらえられた「時間枠としての歴史」を意味しているということです。

　もっとも，history という名詞は，この a period of という判断基準にしたがわなくとも，有界的な存在として認識され，可算名詞の形で表現される場合があります。それは，(20)に示したように，過去の出来事を記述した「歴史の本」を意味するときです。

　(20) She read *a history of Peru.*
　　　（彼女はペルー史の本を読んだ）

こうした現象は，「本」を表すときに共通して見られる認知の働きによるもので，後に説明する an instance of という判断基準にしたがったものです。

　以上，a period of が判断基準となって有界性が決定される名詞の例を見てきましたが，これら以外にも holiday, life, rest, sleep, vacation といった時間との意味的な関係が密接な名詞や，spring, summer といった季節名などをあげることができます（なお，季節名については，第5章で詳細に検討するつもりです）。

▶判断基準Ⅲ：an event / occasion of

　上で説明した a period of という判断基準は，始めがあり終わりがあるという認識にしたがって，時間的な幅があると感じられるかどうかが問題となっていました。しかし，そうした認識は，時間のレベルを越えて，具体的な出来事や事件を意味する表現へとさらに発展させることができるのではないでしょうか。すなわち，有界性が持っている境界線によって仕切られたという感覚を維持するとともに，a period of からの拡張を図ることによって，様々な出来事や事件に対しても適用可能な判断基準を新たに作り出すということです。本書では，そのような a period of から拡張された派生的な判断基準を an event / occasion of と呼びたいと思います。

　説明が少しわかりにくくなってしまったかもしれませんので，まずはこの an event / occasion of という判断基準にしたがって可算名詞か不可算名詞かが決定されている事例を見ていくことにしましょう。

(21) Horses are afraid of *fire*.
　　（馬は火を恐がる）
(22) *A fire* broke out in the kitchens of the hotel.
　　（火事がそのホテルのキッチンで発生した）

(21)の fire は，日本語で言う「火」を意味しています。この場合，境界線を持ったものとして描かれる「炎」(flame) とは異なり，「物質と酸素とが化合することによって，熱や光を発して燃焼する現象」といった物理の教科書に見られるような抽象的な存在としてとらえられているために，fire は不可算名詞の形で用

いられています。

　他方、(22)の不定冠詞を伴った fire は、すでにご存じのように、「火事」を意味しています。可算名詞の形が用いられているのは、an event / occasion of という判断基準にしたがって、始めがあり終わりがある有界的な出来事としてとらえられているからであると言ってよいでしょう。英語では、「火事」というものは、出火に始まり鎮火という形で終わる1つの事件（もちろん、その間に懸命の消火活動が行なわれますが）として認識されるものなのです。

　次にあげた war という名詞の場合も、やはり an event / occasion of に基づいて、有界性が決定されていると考えられます。

(23) Why, why do men make *war*?
　　　（なぜ、なぜ人は戦争をするのでしょうか）
(24) Do you think we can survive *a nuclear war*?
　　　（私たちは核戦争を生き抜くことができると思いますか）

(23)において、war が不可算名詞の形で言語化されているのは、「戦争」とは言っても、非有界的なものとしてとらえられ、地理的にも時間的にも境界線が存在しないように感じられる「戦争状態」あるいは「戦闘」といった意味を表しているためです。他方、(24)において、war が不定冠詞 a を伴い可算名詞の形で表現されているのは、「個々の戦争」ないしは「出来事としての戦争」を意味するものだからでしょう。後者について、もう少し説明を付け加えるならば、外交による交渉が決裂した結果として、宣戦布告で始まり、交戦状態に入り、そして和平交渉の手続きを経て終戦へと至る一連の過程が、1つのまとまりを持った出来事

2・可算名詞と不可算名詞の使い分け

として表現されているわけです。

こうした an event / occasion of という判断基準にしたがって，有界性が決定される名詞の例としては，さらに次のようなものがあります。

(25) The country seems to be heading towards *revolution*.
(その国は革命に向かって進んでいるようだ)
(26) The invention of air travel caused *a revolution* in our way of living.
(飛行機による旅行が考案され，われわれの生活様式に革命が起こった)

(25)の revolution は不可算名詞の形で使用されていますが，この場合，「革命」はかなり抽象化された状態でとらえられています。どういうことかと言えば，話者の頭からは革命に伴うはずの個々の細かい動きや事件は完全に捨象され，革命という無秩序状態の中に入ってしまったならば，出口を発見することがなかなか難しい非有界的な事象として認識されているということです。それに対して，(26)の revolution は比喩的に用いられたものであり，前段階とは異なる時代を作りだす「急激な変革」といった意味を表しています。この例において，revolution が不定冠詞 a を伴って可算名詞の形で用いられているのは，1つの画期的な出来事あるいは事件としてとらえられ，断絶が認められるほど十分に有界的であると判断されているからでしょう。

これまで見てきた例以外にも，action, comedy, motion, movement, tragedy などのように，主として出来事や活動を意味する名詞は，この an event / occasion of が判断基準となって

有界性が決定され，最終的には，可算名詞もしくは不可算名詞の形で表現されます。

▶判断基準Ⅳ：an instance of

ここに掲げた an instance of という判断基準は，始めがあり終わりがあるという感覚の有無にかかわらず，名詞が表している対象の個別性・具体性に注目することで，境界線によって仕切られたという有界性が持っている特質を，問題となっている名詞に適用することが可能かどうかを示すものです。an instance of という判断基準にしたがって可算名詞か不可算名詞かが決まってくる代表的なケースとしては，抽象的な意味を持ったものから具象的・具体的な意味を持ったものへの転換や物質から物体への転換をあげることができるでしょう。以下では，この「抽象から具象へ」と「物質から物体へ」という2つのケースについて，それぞれ詳しく検討していきたいと思います。

▶抽象から具象へ

まずは，an instance of という有界性の判断基準にしたがって可算名詞か不可算名詞かが決定されるケースの中でも，最も基本的な認識のあり方を示す「抽象から具象へ」という事例から見ていくことにしましょう。最初に取り上げるのは，language という名詞です。

(27) *Language* is the life of the people who use it.
(言語はそれを使用している人々の命である)
(28) Is English taught as *a foreign language* in Japan?
(英語は日本で外国語として教えられているのですか)

2・可算名詞と不可算名詞の使い分け

　(27)の文で，Language が不可算名詞の形で用いられているのは，それがヒトという種のみが持っているコミュニケーションの手段としての「言語（一般）」を意味しているからです。これは「言語というもの」と言い換えてもよいでしょうが，そうした「言語（一般）」あるいは「言語というもの」は様々な規則から成っている体系であり，相当に抽象性が高いことから，非有界的な存在として認識されています。通例，抽象性が高いということは，その形状がとらえにくいことを示唆するため，非有界的な存在として認識された上で，不可算名詞として処理されます。

　これに対して，(28)の language は，可算名詞として言語化され，不定冠詞 a を伴った形で用いられています。この場合も，規則の集合体という点では，(27)の「言語（一般）」を表す例と同じようなものであると言えないことはありませんが，特定の民族あるいは共同体に属する人々が使用している具体的な「個別言語」を意味するものであるという点で，(27)の事例と比べるといくぶん抽象度が低く感じられます。そのため，心理的に1つの個体として境界線を引くことのできる有界的な存在として認識され，最終的に可算名詞の形が用いられています。

　an instance of に基づいて有界性が決定される同様の例としては，さらに grammar という名詞をあげることができるでしょう。

(29) I find *German grammar* very difficult.
　　（ドイツ語の文法はとても難しいと思う）
(30) I want to buy *a French grammar*.
　　（フランス語の文法書を買いたい）

上例のうち，(29)の German grammar は，言うまでもなく「ドイツ語の文法」を意味しています。不可算名詞の形で用いられているのは，(27)の language の場合と同様，それが言語規則の集合体という抽象的な存在として認識されているからです。これとは対照的に，(30)の a French grammar は，「フランス語の文法」ではなく，個別的・具体的な存在である1冊の本としての「フランス語の文法書」，つまり a book on French grammar を意味しています。grammar が有界的な存在として認識され，不定冠詞 a を伴う可算名詞の形で用いることができるのは，book という名詞が，その表している対象が有界的な存在としてとらえられるために可算名詞の形で使用されるのと同じ理由によっています。また以前に，a period of という第2の判断基準に関する議論の中で，a history of Peru という事例を取り上げましたが，これも an instance of という判断基準にしたがっていると理解してよいでしょう。その証拠に，a book on Peruvian history といった形へと言い換えることができます。

さて，次に見る baseball という名詞の場合も，やはり「抽象から具象へ」を意味する an instance of という判断基準にしたがって有界性が決定されています。

(31) *Baseball* is the national game of the US.
 (野球はアメリカの国技だ)
(32) He had *a baseball* and a couple of bats in his sports bag.
 (彼はスポーツバッグに野球のボール1個とバットを2,3本持っていた)

2・可算名詞と不可算名詞の使い分け

(31)において，Baseball が非有界的なものとして認識され，不可算名詞の形をとっているのは，これが様々な規則から成り立っている「ゲームとしての野球」を表しているからです。野球というスポーツ自体は，けっして触れることができないという意味で，極めて抽象的な存在だと言えるでしょう。それに対して，(32)の可算名詞の形で用いられ，不定冠詞 a を伴っている baseball の方は，スポーツやゲームといった活動ではなく，「野球のボール」を意味しています。「野球のボール」が有界的なものとして認識されるのは，実体のある存在つまり具体的な形と重さとを持った物理的な存在として把握されるべきものだからです。

このほかに，「抽象から具象へ」を表す an instance of という判断基準にしたがって，可算名詞か不可算名詞かが決まってくる例としては，basketball, democracy, education, exaggeration, freedom, happiness, industry, kindness, love, power, sound などをあげることができます。これらの名詞の中には，可算名詞の形で用いられても，物理的な存在を表すわけではないために，具体性をやや欠くものもありますが，不可算名詞の形で用いられたときと比べてみると，抽象度が相対的に低くなっていると言えるのではないでしょうか。

▶物質から物体へ

an instance of のもう1つの代表例として，「物質から物体へ」という変化を表しているケースがあります。これも，境界線があいまいな非有界的な存在として認識されているものから境界線によって仕切られた有界的な存在として認識されるものへの転換を表すものです。先程の「抽象から具象へ」という考え方の延長線上にある現象にすぎないと言えないこともありませんが，この項

で別に扱いたいと思います。

「物質から物体へ」という認識上の変化を表す最初の例として，まずは stone という名詞から見ていきましょう。

(33) The wall was of concrete, forced with *stone*.
　　（その壁はコンクリート製で，石で補強されていた）
(34) He threw *a stone* at the dog.
　　（彼はその犬をめがけて石を投げた）

(33)において，前置詞 with の後に位置している stone は，その内部構造が均質で連続的な物質としてとらえることのできる「素材としての石」を意味しています。そのため，明確な境界線を持たない非有界的な存在として認識され，不可算名詞の形で用いられています。他方，(34)の不定冠詞 a を伴った stone は，境界線を有する個別具体的な存在としてとらえられる「物体としての石」を意味するものであることから，可算名詞の形で言語化されています。両者については，「a stone は投げられても，stone を投げることはできない」と言えば，何となくイメージが湧いてくるのではないでしょうか。

このように，「物質から物体へ」という認識上の変化は，一般に，不可算名詞から可算名詞への変化を伴います。今度は，iron という名詞を取り上げてみましょう。

(35) *Iron* rusts easily.
　　（鉄は錆びやすい）
(36) My mother uses *an iron* to press my cotton shirts.
　　（母はアイロンを使って，私の綿シャツのしわを伸ばす）

2・可算名詞と不可算名詞の使い分け

(35)の主語の位置にある Iron は，元素記号 Fe で表される物質すなわち「金属としての鉄」を意味しているため，非有界的な存在として認識され，不可算名詞の形で用いられています。それに対して，(36)の不定冠詞 an を伴った iron は，「鉄」を加工して製造された電気製品としての「アイロン」を表すものであり，有界的な存在としてとらえられ，可算名詞の形で表現されています。「鉄」という物質から「アイロン」という物体もしくは製品への認識上の変化は，言語レベルにおいては，不可算名詞から可算名詞への変化という形ではっきりと反映されるのです。

「物質から物体へ」という認識上の変化を表す an instance of が，可算名詞か不可算名詞かを選択する際の判断基準となっている事例を，もう1組だけ見ておきましょう。

(37) She thought some Japanese houses were built with *paper*.
（日本の家の中には紙でできているものもあると彼女は思っていた）

(38) I have to write *a paper* about volunteer work.
（ボランティアの仕事についてレポートを書かないといけない）

(39) This is *an English paper*.
（これは英字新聞です）

(37)は，前に見た(33)とよく似た事例であると言ってよいでしょう。すなわち，この文において用いられている paper は，「素材としての紙」を意味するものであるために，非有界的な存在として認識され，不可算名詞の形が使われています。それに対し

て，(38)および(39)におけるpaperは，それぞれ「レポート」ならびに「新聞」という意味を表しています。物体と呼ぶことは必ずしも適切ではないかもしれませんが，ある内容を持った文字が書かれている「紙」ないしは「素材としての紙」をもとにして作られた製品は，もはや非有界的な存在として認識されるような物質とは見なされず，有界的な存在であることを意味する可算名詞の形で言語化されることになります。

　上例以外にも，copper, film, nickel, oak, rockなどのように素材ないしは材料を表す名詞は，この「物質から物体へ」という認識上の変化を表すan instance ofという基準が適用された上で，可算名詞かそれとも不可算名詞かが決定されます。

▶判断基準Ⅴ：a kind / type of

　同じ名詞で表現される対象であっても，視点の設け方によっては，性質が異なるものとしてとらえることが可能です。ここに掲げたa kind / type ofという5つ目の判断基準は，名詞の表している対象は可能性としていくつかの様相を持っており，そのうちのある1つの様相に注意を向け，それがどのような種類のものであるのかを強調した上で表現しようという場合には，有界的な存在として認識されやすいことを示すものです。逆の言い方をすれば，この基準にしたがって可算名詞の形が使用されている場合，その独自性や特殊性に意味の重点が置かれていることになります。

　そうした種類ないしタイプを表すための手段としては，問題となっている名詞に形容詞（句）を付け加えるというのが，おそらく最も一般的な方法でしょう。まずは，次に掲げた2つの例を見て下さい。

2・可算名詞と不可算名詞の使い分け

(40) Tables are usually made of *wood*.
　　 (テーブルはたいてい木でできている)
(41) Pine is *a soft wood* and teak is *a hard wood*.
　　 (松は柔らかい木で, チークは硬い木である)

(40)において, 不可算名詞の形をとっている wood は, 「素材としての木」を表しています。こうした形をとっているのは, どの部分を切り取ってみても「木」であることには変わりないという意味で, 内部構造が境界線を持たない均質的な物質として, つまり非有界的な存在としてとらえられているからです。これに対して, (41)の場合, 形容詞 soft と hard によって対立的な関係が示されていることからもわかるように, どのような種類の「木」かという a kind / type of が有界性を決定する判断基準となっており, 特定の様相を表す有界的な存在としてとらえられた結果, 可算名詞の形が使われています。

　ただし, 形容詞 (句) に修飾されていることが, つねに有界性を決定する上での絶対的な基準となっているわけではありません。事実, 形容詞 (句) を伴っていても, 有界性を持ったものとして認識されていない事例は数多く見られます。例えば, 次に掲げた wine という名詞の場合, 一般に形容詞 red によって修飾された程度では, a kind / type of という基準にしたがって, 有界的な存在であると判断することはできないようです。

(42) We drink *red wine* with dinner every day.
　　 (毎日, 私たちは夕食のときにワインを飲む)
(43) I was impressed by *a wine from Friuli*.
　　 (フリウリ産のワインに感銘を受けた)

上例については，もう少し説明を加えておく必要があるでしょう。まず，(42)の red wine が不可算名詞の形をとっているのは，「白ワインなのかそれとも赤ワインなのか」という種類が問題となっているのではなく，依然として液状であるという性質に焦点が当てられ，形に区切りのない非有界的な存在としての認識が優先されていることが理由になっています。そのため，この red wine は，単に「液体としての赤ワイン」あるいは「飲み物としての赤ワイン」といった程度の意味しか表していません。

これとは対照的に，(43)の例では，どのような種類の「ワイン」なのかということに意味の重点が置かれています。不定冠詞 a を伴って可算名詞の形で表現されているのは，a kind / type of という判断基準にしたがって，有界的な存在として認識されているからです。はっきりと断言することはできませんが，wine という名詞は，原産地の名称とともに用いられた場合には，可算名詞の形をとることが多いように思われます。とくに，ワインの味にかなりうるさい人やワインについてそれなりの蘊蓄を持っている人は，できるだけ可算名詞の形で表現しようとするかもしれません。そのため，このあたりの有界性に関する判断は，話者の持っている知識の程度によって相当変わってくるようです。

(42)で見たように，red wine が表している対象は，通例，有界的な存在として認識されることはありませんが，a kind / type of という判断基準にしたがって，とくに種類が強調されたり，別の判断基準にしたがったときには，有界的な存在としてとらえられ，可算名詞の形で表現されることもあります。

(44) *red wines*
　　 (数種類／数本の赤ワイン)

2・可算名詞と不可算名詞の使い分け

文全体が示されてはいませんが,「数種類の赤ワイン」もしくは bottles of red wine といった意味を表しているのではないかと思われます。もし後者であるならば,これは注文あるいは購入するときの単位を表す a unit / serving of という次項で扱う判断基準にしたがって表現されたものということになるでしょう。

続いて,「水」という量状的な液体を意味することから,典型的な不可算名詞の例としてあげられることの多い water を取り上げてみましょう。

(45) There is *hot and cold running water* in all the bedrooms.
（すべての寝室で水とお湯が出る）
(46) *A water containing no chemical* is pure.
（化学物質を含まない水は純粋である）

(45)の water は,形容詞および形容詞に相当する語の修飾を受けているものの,相変わらず「液体としての水」という非有界的な存在としてとらえられているために,不可算名詞の形が使われています。それに対して,(46)の方は,a kind / type of という判断基準にしたがって,種類を表すものとして認識された結果,可算名詞の形が用いられているケースです。日常的な言語使用においては,「液体としての水」を表す water は不可算名詞として扱われますが,どのような種類の「水」であるのかという点がとくに強調されている場合には,上例のごとく,可算名詞の形をとることがあります。このあたりの有界性に関する判断もまた,wine の事例と同様,話者が持っている知識の程度に依存していると言えるかもしれません。

今度は，metal という名詞が使われている例を見てみましょう。この場合も，やはり a kind / type of という判断基準にしたがって，可算名詞か不可算名詞かが決定されています。

(47) Early man learned how to use *metal* for weapons.
(原始人は武器に金属を使うことを学んだ)
(48) Gold is *a valuable metal.*
(金は貴金属である)

(47)で不可算名詞の形をとっている metal は,「金属（一般）」あるいは「金属というもの」を単に表現しているだけです。他方，(48)の場合,「貴金属」と呼ばれるような「金属」の1つであることを強調したものであり，他の種類の金属とは一線を画す存在として認識されているために，可算名詞の形で言語化されています。

a kind / type of に基づいて有界性が決定される同様の例としては，さらに dinner という名詞をあげることができるでしょう。

(49) When do you have *dinner*?
(いつ夕食を食べますか)
(50) It was *a simple dinner,* but it was good.
(質素な夕食でしたが，おいしかった)

(49)で不可算名詞の形をとっている dinner という名詞は，例えば「食事中」などと言った場合，通常，1回とか2回という回数や何人分の「食事」なのかということが意識されないように，非有界的な存在としてとらえられた「夕食」あるいは「正餐」を意

2・可算名詞と不可算名詞の使い分け

味しています。一方,(50)の例では,dinner という語が可算名詞の形で用いられていますが,これはどのような種類の「夕食」あるいは「正餐」なのかという点に意味の重点が置かれているからであり,simple という形容詞を付けることによって,dinner が表しうる様々な相のうちから,「質素な」という1つの特定の局面が描き出されています。

ただし,dinner という名詞は,a kind / type of という判断基準にしたがった場合だけでなく,下に示した(51)のように,何人分の「食事」なのかを表現しようというときや,(52)のように,1つの出来事である「晩餐会」(a dinner party)を意味するときにも,やはり可算名詞の形が用いられます。

(51) *four dinners* at £10 per person
   (1人当たり10ポンドで4人分の夕食)
(52) *A dinner* was held to celebrate the opening of the new hotel.
   (晩餐会がその新しいホテルの開業を記念して催された)

(51)の *four dinners* は,次項で見る a unit / serving of という注文するときの単位を表す判断基準にしたがった例であるのに対して,(52)の A dinner は,第3の判断基準である an event / occasion of にしたがったものと考えてよいでしょう。

ちなみに,dinner とは異なり,meal という名詞の場合,基本的に「1回の食事」を表現するときに用いられるため,可算名詞の形をとります。次の例を比較してみて下さい。

(53) Would you like to come over for *dinner* on Friday?

(金曜日に食事をしに来ませんか)
(54) After the movie we went for *a meal* in a Chinese restaurant.
(映画の後，私たちは中華料理店へ食事をしに行った)

日本語に直した場合，それぞれ「食事に来る」，「食事に行く」といった程度にしか訳すことはできませんが，英語では dinner と meal とは用法上明確に区別されています。

以上のように，話者が種類ないしはタイプを表現することに重点を置いたときには，可算名詞の形で言語化されることになります。ただし，a kind / type of という判断基準は広範囲に及ぶ事例に適用可能なものであることから，この基準だけがつねに適用されるような名詞は存在しません。つまり，a kind / type of という判断基準は，どの名詞にも等しく適用される可能性があるということです。

▶判断基準Ⅵ：a unit / serving of

店などで何かを注文するという特別の機能を帯びたときに，注文の基礎となる単位（a cup of, a glass of, a can of, a bottle of といった容器名を含んだ表現）を利用する代わりに，対象を有界的にとらえることによって表現しようという認知のあり方が，この a unit / serving of です。まずは，具体例から見ていくことにしましょう。

(55) She drinks *coffee* for breakfast each morning.
(毎朝，彼女は朝食のときにコーヒーを飲む)
(56) Do you want *a cup of coffee*?

2・可算名詞と不可算名詞の使い分け

（コーヒーでも1杯どうですか）
(57) Brazil exports *a lot of coffee.*
　　（ブラジルはコーヒー（豆）をたくさん輸出している）
(58) Three teas and *a coffee*, please.
　　（紅茶3つと，コーヒー1つ下さい）

(55)の coffee は，改めて言うまでもないことでしょうが，「液体としてのコーヒー」を表しているために，非有界的な存在としてとらえられ，不可算名詞の形で用いられている例です。また，(56)の coffee も，a cup of という容器を意味する句の補助を得ることで，「1杯」という明確な単位を表していますが，依然として形に区切りがないものと見なされた「液体としてのコーヒー」を意味しているため，不可算名詞の形が用いられています。ただし，(57)に示したように，「液体としてのコーヒー」ではなく「コーヒーの豆」を意味する場合であっても，豆の1粒1粒が問題になっているわけではなく，しかも最終的には「液体としてのコーヒー」という形で消費されることから，非有界的なものとして認識され，不可算名詞の形が用いられるケースもあります。

これらに対して，店でコーヒーを注文するときには，通例，(58)のように，coffee という名詞の前に不定冠詞の a や数詞を付けた形式が用いられます。別言すれば，注文をするときには，多くの場合，a cup of のような補助的な句を用いた表現は避けられ，可算名詞の形が用いられるということです。こうした現象はフランス語やドイツ語などにも見られるものですが，日本語でも，店で注文するときには，「コーヒー1杯下さい」ではなく「コーヒー1つ下さい」と言う方がふつうではないでしょうか。容器自体を境界線に見立てることによって，「コーヒー」が仕切

られているという認識が強く働き,「容器に入れられて,販売する際の単位となっているコーヒー」を意味することが可能になっているのです。もっとも,誤解を生む可能性がほとんどない状況で,「1杯のコーヒー」を注文する場合には,Coffee, please. とだけ言えば,実際上はそれで A coffee, please. の意味を表すことができます。

　ところで,可算名詞の形で表現された coffee は,ごく一般的な文脈においては,この a unit / serving of が優先的な読みとして認められています。しかし,前項で見た a kind / type of を意味する場合にも,可算名詞の形を使用することが許されています。

　　(59) This is *good coffee.*
　　　　(これはおいしいコーヒーだ)
　　(60) This is *a nice coffee.*
　　　　(これは良質のコーヒーだ)

(59)の coffee が不可算名詞の形で用いられているのは,味がよいことは確かだとしても,相変わらず「液体としてのコーヒー」という非有界的な存在としてとらえられているからです。他方,(60)の coffee は,「どのような種類のコーヒー(豆)か」ということが問題となっているために,a kind / type of という判断基準にしたがって有界的な存在として認識され,可算名詞の形が使われています。

　a unit / serving of という有界性を決定する際の判断基準にしたがう名詞の代表例としては,さらに juice という語をあげることができるでしょう。

2・可算名詞と不可算名詞の使い分け

(61) He drinks *a lot of juice.*
 (彼はたくさんジュースを飲む)
(62) Two hamburgers and *two small orange juices,* please.
 (ハンバーガー2つとオレンジジュースのスモールを2つ下さい)

上に掲げた例は、どちらも日本語で言う「ジュース」を表しています。しかし、(61)の juice は、やはり液状であるという点に意味の比重が置かれた結果、非有界的な存在としてとらえられ、不可算名詞の形で用いられているのに対して、(62)の方は a unit / serving of という判断基準にしたがって、有界的な存在としてとらえられたために、可算名詞の形で言語化されています。とくに後者の場合、two という注文の個数だけでなく、small という注文する際の容器の大きさを表す単位がいっしょに用いられている点にも着目して下さい。

こうした a unit / serving of という判断基準は、容器に入れられて販売される飲料であるかぎり、beer のようなアルコール分を含んでいる対象についても等しく適用されます。

(63) I prefer *draught beer* to *keg beer.*
 (樽ビールよりも生ビールがいい)
(64) *Two beers,* please.
 (ビール2つ下さい)

基本的には、「ビール」というアルコール飲料自体は、液体すなわち非有界的な存在としてとらえられます。したがって、液体の状態にある通常の「アルコール飲料としてのビール」を意味する

場合には，不可算名詞の形が用いられることになります。(63)の例では，依然として，液状であるという性質に焦点が当てられ，形に区切りのない非有界的な存在としてとらえる認知のあり方が優先されており，「生ビール（というもの）」と「樽ビール（というもの）」といったような意味を表しています。この例で，beer が不可算名詞の形で用いられているのは，そのためです。

それに対して，(64)において複数形をとっている beers は，a unit / serving of という判断基準に則って，有界的な存在として認識されたもので，「缶やグラスといった容器に入ったビール」を意味しています。ちなみに，a unit / serving of という基準は，その名が示している通り，本来は店で注文するときの単位を表すものですが，注文するという機能を果たす場合ではなくても，例えば家庭などの日常的な場面において，店で販売される単位である「缶」に入ったビールなどを飲んだりするときには，この有界的な認知が先行し，不定冠詞の a や数詞を伴った表現形式が用いられます。

また，wine や coffee の場合と同様，beer も種類が非常に豊富ですから，前項で見た a kind / type of にしたがって，可算名詞の形が用いられることがあります。

(65) They brew *several excellent beers* in this district.
　　　（この地方ではすばらしいビールを何種類か作っている）

上例の場合，どのような種類あるいは銘柄の「ビール」なのかということに意味の重点が置かれているために，換言すれば，a kind / type of が判断基準となっているために，beer は可算名詞の形で使用されています。

2・可算名詞と不可算名詞の使い分け

ところで、a unit / serving of という基準は、本来、何かを注文ないしは購入する際に用いられますが、下に示した sugar という名詞のように、厳密に言えば、店で注文されることのないものに対しても適用されます。

(66) Do you take *sugar* in your coffee?
　　（コーヒーに砂糖を入れますか）
(67) *How many sugars* do you like in your coffee?
　　（コーヒーにいくつ砂糖を入れますか）

(66)において、sugar が不可算名詞の形で用いられているのは、ただ単に「砂糖（というもの）」すなわち「甘味料としての砂糖」という物質を表しているからにすぎません。他方、(67)で How many という表現とともに用いられ、sugars といった具合に複数形をとっているのは、a unit / serving of に基づいて、「砂糖」をスプーンなどでいくつ入れるのかということが問題になっているからです。もちろん、「角砂糖」を意味するようなケースも考えられますが、基本的には同じ原理にしたがって、可算名詞の形が選択されていると理解してよいでしょう。

ただし、可算名詞の形で表現されているからと言って、つねに a unit / serving of という判断基準にしたがっているわけではありません。次の例を見て下さい。

(68) Glucose and lactose are *sugars*.
　　（ブドウ糖と乳糖は糖類である）

この文でも、(67)と同様、sugars という複数形が用いられてい

ますが，日本語訳からも明らかなように，a unit / serving of ではなく a kind / type of に基づいて，有界性の判断がなされていると考えるべきでしょう。

　以上のように，注文するという機能を帯びたときには，a unit / serving of という判断基準にしたがって有界性が決定されます。そうした例としては，今まで検討してきたもののほかに，Coke, cola, (milk)shake などの清涼飲料や，brandy, sherry, whisk(e)y といったアルコール飲料のように，注文するときの単位が基本的に決まっているものがあります。

▶原形と部分という対立的な関係

　ほとんどの名詞は，可算名詞としても不可算名詞としても用いられますが，辞書の中で C U や U C という表記による順序づけがなされているように，どちらの形をとることの方が多いかという点については，一定の傾向らしきものが存在します。これまで見てきた有界性に関わる6つの判断基準は，どちらかと言えば，不可算名詞の形が一般的であると考えられている名詞が，どのような場合に可算名詞として用いられるようになるのかという問題，つまり学校文法において「不可算名詞の可算名詞化」と呼ばれている現象を説明するのに役立つ視点を提供するものでした。

　これに対して，可算名詞の形が一般的であると考えられている名詞が不可算名詞の形で用いられる事例も，相対的にはそれほど数は多くないかもしれませんが，まったく観察されないわけではありません。すぐ後で見るように，chicken や lamb などの場合，可算名詞で表現される有界的な個体としての動物が，量状的で非有界的な存在である食肉を意味するために，不可算名詞の形で用いられるようなケースは，この「可算名詞の不可算名詞化」

2・可算名詞と不可算名詞の使い分け

の典型であると言ってよいでしょう。

こうした「可算名詞の不可算名詞化」という現象が生じるのは、1つには個体として完全な状態にある原形とその部分という対立的な関係を話者が認識しているからです。ここで原形と呼んでいるのは、個体としてとらえられる有界的な存在のことであり、可算名詞の形で表現されるものを言います。他方、部分と呼んでいるのは、そのような個体から切り取られた箇所あるいは切り取られた後の残りを意味しています。典型的な可算名詞は、原則として、個体を丸ごと表象するために用いられます。そのため、どこか一部を切り取られてしまった対象はもはや1つの完結した個体とは見なされず、原形との対立関係から非有界的な存在として認識され、不可算名詞の形で表現されることになります。原形をとどめていない部分に対して、境界線によって仕切られたという認識を働かせることは、英語的な「もの」の見方に適っていないのです。以下では、そうした原形と部分という対立的な関係について、具体例をあげながら、検討を加えていくことにしましょう。

▶動物と魚に見られる原形と部分の対立

まずは、原形と部分という対立的な関係が見られる代表的な例として、動物と魚の事例を取り上げたいと思います。一般に、動物と魚の場合、頭、内臓、足、羽根、ひれなどが完全に備わっている状態にあるもの、すなわち原形のままのものは、境界線によって仕切られた有界的な個体として認識され、可算名詞の形で言語化されます。ところが、頭や内臓といった要素のうちのいずれかが調理目的のために取り除かれてしまった食用の肉や魚は、もはや原形をとどめていないという意味で部分にすぎず、1つの完

結した個体とは見なされなくなります。その結果，それらは非有界的な存在として認識され，不可算名詞の形で言語化されることになります。下に掲げた例を見て下さい。

(69) *I like eating *lambs / chickens*.
(70) I like eating *lamb / chicken*.
　　（私は子羊の肉／鶏肉を食べるのが好きだ）

(69)が非文法的な文として判断されているのは，一般的に言って，「子羊」や「鶏」を原形のまま食べることが食習慣としてはありえないからです。「子羊の肉」や「鶏肉」であることを積極的に意味するためには，(70)のように，不可算名詞の形を用いる必要があります。

　動物だけでなく，魚の場合も，少なくとも内臓などを取り除いた上で調理されるため，やはり原形対部分という対立的な関係が現れてきます。

(71) He caught *two large salmon* in the river.
　　（彼は川で2匹の大きな鮭を釣った）
(72) I like to eat *grilled salmon* with potatoes.
　　（私は焼いた鮭をポテトといっしょに食べたい）

(71)の例では，過去形の動詞 caught の目的語に salmon という可算名詞が数詞 two を伴う形で用いられています（この名詞はいわゆる単複同形であるため，種類を表すとき以外は，複数形の場合でも -s が付くことはありません）。これは，少なくとも釣り上げた時点では，まだ生きている状態にあった有界的な個体と

2・可算名詞と不可算名詞の使い分け

しての「鮭」を意味するものだからであると言ってよいでしょう。それとは対照的に，(72) の salmon の方は，不可算名詞の形で用いられていますが，これは調理されることによって，もはや原形をとどめていない「鮭の切り身」を意味しているからです。

このように，原形と部分という対立的な関係に基づいて，有界的か非有界的かを決定するという認知のあり方は，様々な種類の動物・魚に対して適用することが可能です。しかし，実際の表現のしかたとしては，同じ名詞を可算名詞・不可算名詞という形で使い分ける場合と，まったく別の語が用意されている場合とがあります。例えば，先程見た lamb や chicken あるいは salmon などは，同一の名詞を可算名詞・不可算名詞の形で使い分ける代表的な例です。それに対して，pig や cow などの場合，食肉であることを意味するには，pork や beef といったフランス語から流入してきた名詞が別に用意されているので，そちらを利用することになります。

次頁に掲げた表は，生きている個体と食肉や魚肉を表現する際に，どのような名詞が使われるかを示したものです。どちらのタイプに分類されるかは，英語を話す人たちの文化において，人と動物あるいは魚とがどのような接し方をしてきたのかということと深い関係があるように思われます。食肉や魚肉を食べるという習慣が，いつの時代にどのような経路を通って英語圏の文化の中に入ってきたのか，あるいは現実の問題として食卓にのぼる回数が頻繁であるのかどうかといった様々な要因が絡んできているのではないでしょうか。断言することはできませんが，英語圏の人たちがごく最近になってからその肉を食べるようになった動物や魚の場合，おそらく可算名詞・不可算名詞という使い分けによって，生きている個体とその部分にすぎない食肉や魚肉とを区別す

同じ名詞が使われる事例	
〔個体〕	〔食肉・魚肉〕
a chicken	chicken
a lamb	lamb
a salmon	salmon
a trout	trout

別の名詞が用意されている事例	
〔個体〕	〔食肉〕
a calf	veal
a cow	beef
a deer	venison
a pig	pork
a sheep	mutton

個体と食肉・魚肉を意味する語彙の関係

るのが一般的ではないかと思います。

ついでながら、英語圏の文化において、あまり馴染みのない肉を食べることを表現しようという場合、絶対に使わないというわけではありませんが、不可算名詞の形を用いることはふつうではないようです。次の例を見て下さい。

(73) How could they eat *a dog*?
(74) *How could they eat *dog*?
　　（どうして犬なんか食べられるんだ）

「犬の肉を食べる」ことを表現するには、(73)のように、可算名詞の形にするか、もしくは dog meat と言う必要があります。(74)の文の前に非文法的であること示す*という記号が付けられているのは、そのためです。不可算名詞をとりにくい例としては、このほかに bat, grasshopper, snake などがあげられます。

2・可算名詞と不可算名詞の使い分け

▶「丸ごと」という感覚

ところで，roast や grill, barbecue という調理法の対象になるのは，一般に，可算名詞の形で表現される個体としての動物ではなく，不可算名詞の形で言語化される「肉」の方であると言えます。しかしながら，「丸ごと」(whole) といった感覚を伴っている場合，つまり有界的な存在として強く認識された場合には，下例のように，可算名詞の形が用いられます。

(75) Traditionally, many North Americans have *a roast turkey* for Thanksgiving dinner.
(伝統的に多くの北アメリカの人々は，感謝祭の晩餐に丸ごと焼いた七面鳥を食べる)

(76) We had *roast turkey* for dinner.
(私たちは晩餐に焼いた七面鳥を食べた)

(76)の roast turkey は，すでに見てきたように，少なくとも羽や内臓などが調理目的のために取り除かれてしまい，もはや完全な個体としては見なされていないために，不可算名詞の形で表現されていると理解してよいでしょう。それに対して，(75)の a roast turkey は，実際には羽や内臓などが事前に取り除かれていても，依然として「丸ごと」という意識が話者の頭に残っているために，可算名詞の形が使われていると考えることができます。

次の例でも，roast という調理法の対象は，a chicken という可算名詞の形で表現されています。文末に，「丸ごと」を意味する whole という形容詞が置かれている点にも注目して下さい。

(77) I personally would rather roast *a chicken* whole.

(個人的には鶏を丸焼きにしたい)

また，barbecue という調理法による場合にも，この「丸ごと」かどうかという問題が，可算名詞かそれとも不可算名詞かという形式の選択に関与しています。

(78) Jim barbecued *a sheep* to celebrate.
(ジムはお祝いに羊を丸ごとバーベキューにした)
(79) We're going to barbecue *chicken* tonight.
(今晩私たちは鶏の肉をバーベキューにする予定だ)

(79)において，chicken が不可算名詞の形をとっているように，「バーベキューにして焼く」対象は，少なくとも内臓などを取り除いた後の肉であると言えます。しかし，「丸焼き」という意味を強調したいときには，whole などを付けなくても，(78)に示した a sheep のように，可算名詞の形で表現することが可能です。

今度は，魚の例を取り上げましょう。下に掲げた例などは，非常に興味深いケースではないかと思いますが，いかがでしょうか。

(80) Also three of *those dried fish* and some miso.
(そこの魚の干物を3枚と味噌も少し下さい)
(81) Do you really eat *raw fish*?
(本当に生の魚を食べるのですか)

(80)の例は，たとえ「干物」になっても，姿や形の点で個体として認識された場合には，可算名詞の形で表現されるということを

2・可算名詞と不可算名詞の使い分け

示しています（salmon と同様，fish という名詞もやはり単複同形であることは，周知の通りです）。他方，(81)の fish は，本来の姿をもはやとどめていない「刺身となった魚」を意味しているために，非有界的なものとして認識され，不可算名詞の形で使用されています（ちなみに，「刺身」はそのまま sashimi と言うか，もしくは fresh slices of raw fish ともう少し説明的に表現した方が，おいしそうに聞こえるかもしれません）。

　これらの例は，話者による状況のとらえ方あるいは解釈のしかたが異なれば，仮にまったく同一のものが認識の対象であったとしても，その表現形式は変わってくることを示しています。指示対象の物理的な変化それ自体は，可算名詞か不可算名詞かを選択するに当たって，非常に重要な役割を果たしてはいますが，つねに決定的な要因となっているわけではないのです。そのような傾向は，例えばおとぎ話の世界や誇張表現の場合，なお一層強く現れてきます。

　　(82) I could eat *a horse.*
　　　　（馬だって食べられる）

52頁の(69)と異なり，上例が正しい文として認められているのは，たとえ食習慣としてはありえないことだとしても，「1頭の馬でさえも食べられるほど空腹である」という誇張された意味を表しているからです（ただし，eat like a horse の like が省略された表現だという解釈も成り立ちます）。もし，ここで不可算名詞の形や horse meat という表現を用いたならば，(82)の文によって話者が伝えようとしている意図とは，かなりずれることになるでしょう。

▶果実と野菜に見られる原形と部分の対立

　上で見た有界的な原形としての動物あるいは魚か，それとも非有界的な部分としての食肉あるいは魚肉かという認知のあり方は，果実や野菜にも適用可能です。まずは，banana という名詞を取り上げてみることにしましょう。この語を辞書で調べてみると，「果実としてのバナナ」という意味では，可算名詞である旨の表示がなされています。なるほど，辞書に記載されるのは，特異な事例などではなく一定の傾向ないしは統計的に見た平均像であるとするならば，可算名詞として分類されていることにとりたてて問題があるわけではありません。しかし，だからと言って，banana という語は可算名詞の形でしか用いることができないと即断してはなりません。次に示した2つの文を比較して下さい。

(83) Have *a banana*, Roger.
　　（バナナをどうぞ，ロジャー）
(84) Decorate the dessert with *sliced banana*.
　　（デザートを切ったバナナで飾って）

上例の場合，原形かそれとも部分かという認知レベルでの対立的な関係は，可算名詞かそれとも不可算名詞かという言語形式の違いとしてはっきりと現れています。すなわち，「果実としてのバナナ」は，通例，1本1本数えられる有界的な個体として認識されますから，(83)のように，可算名詞の形で使用されます。しかし，(84)のように，同じ「バナナ」であっても，すでに本来の姿をとどめていない「切り刻まれたバナナ」を表すときには，もはや個体の「バナナ」が有しているような境界線を引くことが意味をなさない非有界的な存在としてとらえられるため，不可算名詞

2・可算名詞と不可算名詞の使い分け

の形で表現されることになります。

今度は，apple という名詞が用いられている次の 2 つの文を比べてみましょう。

(85) I ate *an apple* for dessert.
　　（デザートにりんごを食べた）
(86) Has the fruit salad got *any apple* in it?
　　（フルーツサラダにはりんごが入っているの）

(85)において，可算名詞の形をとっている apple は，本来の形状を保っている有界的な存在としての「りんご」を意味しており，日本語で「個」という単位によって数えられるものです。ここでは，「りんご」を実際にどのようにして食べたのか，すなわち「丸ごと」かそれとも切り刻んだ上でかということは，とくに問題となっていません。むしろ，食べた「りんご」の存在を話者が心の中でどのように認識しているのかということの方が重要なのです。それに対して，(86)の文では，apple が不可算名詞の形で用いられていますが，これはサラダに入れるために「切り刻まれたりんご」が，もはや個体としての原形をとどめていない非有界的な存在として認識されているからです。

このように原形かそれとも部分かという問題が可算名詞と不可算名詞の違いとして現れてくる果実の例は，まだまだ数多く存在しますが，ここではもう 1 組だけ例をあげておくことにします。

(87) *Grapefruits* were plentiful.
　　（グレープフルーツは豊作だった）
(88) *Grapefruit* is high in vitamin C.

(グレープフルーツはビタミンCが多い)

(87)において，複数形をとっている可算名詞のGrapefruitsは，「丸ごとのグレープフルーツ」を意味しています。他方，(88)において，不可算名詞の形で用いられているGrapefruitは，「グレープフルーツの果肉」もしくは物質としてとらえられた「グレープフルーツ」を表しています。

原形と部分という対立的な関係に基づいて有界性が判断されるケースとして，野菜の例も取り上げておきましょう。

(89) Have *some more carrots.*
　　(もっとニンジンを食べなさい)
(90) Did you put *any carrot* in this soup?
　　(このスープにニンジンを入れたの)

(89)の場合，複数であることを示す -s を伴っていることからもわかるように，carrotは可算名詞の形をとっています。これは，小さく切られた後の「ニンジン」ではなく，日本語で「本」という単位によって数えることのできる「個体としてのニンジン」を，話者が依然として頭のどこかに思い浮かべていることが理由だと言えます。他方，(90)において，carrotが不可算名詞の形をとっているのは，この文がスープの中に「切り刻まれたニンジン」を入れたかどうかを尋ねるものだからです。

以上のように，採れたままの状態にある果実や野菜は，本来の形状を依然としてとどめている個体と見なされ，有界的な存在として認識されるのに対して，切ったり刻んだりされて，元の形を失ってしまったものは非有界的な存在として認識されます。しか

2・可算名詞と不可算名詞の使い分け

し,繰り返し述べてきたように,可算名詞か不可算名詞かという選択は,物理的な外見だけから判断されるわけではありません。外見は異なっていても,同じ表現形式が用いられることがあります。次の連続した2つの文を見て下さい。

(91) Peel and cut *four apples*. Mix the sugar with *the apples.*
(りんごを4つ皮をむいて切って下さい。そのりんごを砂糖と混ぜて下さい)

上例はアップルパイの作り方を示した文の一部です。最初の段階で,「4つのりんご」は皮を剝かれ切られてしまいますが,それにもかかわらず,「丸ごと」の状態が話者の意識の上にまだ残っているために,次の段階でも,相変わらず可算名詞の形が用いられています(もちろん,前の文とのつながりをよくするという意識も働いているでしょう)。

　反対に,まったく同一のものが認識の対象であったとしても,話者による状況のとらえ方あるいは解釈のしかたが異なれば,その表現形式は大きく変わってきます。

(92) *mashed potato(es)*
（マッシュポテト）

この例は,mashed potato を可算名詞・不可算名詞のいずれの形で使用してもよいということを示しています。ただし,言語形式が異なる以上,ニュアンスの差を認める必要があるでしょう。すなわち,複数形をとっている可算名詞の方は,すりつぶされる

以前の「丸ごと」の状態が話者の意識の上に残っているのに対して，不可算名詞の形で用いられた場合は，非有界的な存在として認識されるほど「すりつぶされたじゃがいも」を表していると考えられるということです。

　こうした例から，可算名詞か不可算名詞かという選択の問題は，何がしかの処理を施さずにいわば「丸ごと」のまま調理しているのか，それとも不要なものは予め取り除いておくなどきちんとした形で調理しているのかという，事実の問題として論ずべき性質のものではないということがわかります。重要なのは，むしろ話者が対象をどのようにとらえているのかという認知のあり方だと言ってよいでしょう。対象の外見は，われわれの認知のあり方に多大な影響を与えていることは確かですが，話者自身が対象をどのようにとらえているのかという主体的な態度こそが，可算名詞か不可算名詞かを選択する上で決定的な役割を果たしているのです。

▶原形と部分という対立的な関係を表す様々な事例

　ここでは，動物，魚，果実，野菜といった例以外に，全体を表すものとしての原形とその部分という対立的な関係によって有界性が判断される様々なケースについて見ていきたいと思います。次に示した pizza という名詞は，依然として食べ物の域を出るものではありませんが，この例からも原形と部分という対立的な関係を感じ取ることができるでしょう。

　　(93) We went for *a pizza* together at lunch-time.
　　　　（私たちはお昼にみんなでピザを食べに行った）
　　(94) The kids always want *pizza* on Sunday night for

2・可算名詞と不可算名詞の使い分け

dinner.
（子供たちは日曜日の夕食にいつもピザを欲しがる）

(93)の pizza は，本来の焼き上がった状態にある「丸い形のピザ」を意味しており，まさに「丸ごと」の状態を表しているがゆえに，境界線を持った有界的な存在として認識され，可算名詞の形で表現されています。それに対して，(94)の方は，ナイフなどで「切って取り分けられたピザ」を意味していますが，元の丸い形が失われ，非有界的な部分として認識されているために，不可算名詞の形で言語化されています。

cake という名詞の場合も，上で見た pizza の場合と同様，「丸ごと」のものとして対象をとらえているかどうかという認知のあり方にしたがって有界性が決定されます。

(95) I like *cakes*.
　　（私はケーキが好きです）
(96) Does Ken like *cake*?
　　（ケンはケーキが好きですか）

(95)の複数形をとっている cakes は，本来の「丸ごと」の形状を保っている「ケーキ」を表しており，日本語で「個」という単位によって数えることのできる有界的な存在としてとらえられたものです。それに対して，(96)の不可算名詞の形で用いられている cake の場合，もはや個体としての原形をとどめていない「切ったケーキ」を意味しているか，あるいは味や食感といった「ケーキ」が持っている特徴について語ったものであるために，非有界的な存在として認識されていると考えられます。

さらに，下に掲げた egg という名詞が使われている文についても，原形対部分という対立的な関係に基づいて有界性が判断されていると見ることができます。

(97) I had *a boiled egg* for breakfast.
（朝食にゆで卵を食べた）
(98) You've got *egg* all down your tie.
（ネクタイのあちらこちらに卵がついていますよ）

(97)の a boiled egg は，元々の丸い形をした「ゆで卵」を意味していることから，可算名詞の形をとっています。現実には，「ゆで卵」は殻を剥いて食べるものですが，丸い形が意識のどこかに残っているかぎり，有界的な存在として認識されるようです。他方，(98)は「卵の食べかす」を意味しています。この場合は，もはや形が崩れて元の状態をとどめておらず，「丸ごと」という感覚が完全に失われてしまったために，非有界的な存在としてとらえられ，最終的に不可算名詞の形が用いられていると理解してよいでしょう。

このような有界的な存在としての原形（ないしは個体）と非有界的な存在としての部分という対立的な関係は，食べ物の範疇を越えてさらに多様なケースに拡張して適用することができます。下の例では，全体に対する部分という関係が，食肉を表す場合とは多少異なる形で反映されています。

(99) *Foxes* are often nocturnal.
（狐は夜行性であることが多い）
(100) Artificial fur is increasingly replacing natural furs

2・可算名詞と不可算名詞の使い分け

such as mink and *fox*.
（人造の毛皮が，ミンクや狐のような天然の毛皮に次第に取って代わりつつある）

(99)で複数形をとっている foxes は，まだ生きている状態にある有界的な個体としての「狐」を意味しています。他方，(100)において，mink と並列的に用いられている fox は，「狐の肉」ではなく「狐の毛皮」を意味するものです。部分を表すという意味では，肉も毛皮も変わりはないことから，非有界的な存在として認識された上で，不可算名詞の形で表現されています。

次の2つの例では，同一の語でしかも部分を指しているために，不可算名詞の形が使われていますが，その対象となっている箇所はまったく異なります。

(101) *Alligator* is tasty.
（ワニの肉はおいしい）
(102) *Alligator* is waterproof.
（ワニの皮は耐水性がある）

日本語訳からも明らかなように，(101)の Alligator は，tasty という語とともに用いられているため，「ワニの肉」を意味するものとして解釈されるのに対して，(102)の方は，waterproof つまり「防水の」という形容詞が使われていることから，「ワニの皮」を意味するものとして解釈される必要があります。同じ名詞が不可算名詞の形で用いられているからといって，まったく同一の意味あるいは部分を表しているとはかぎりません。正しい意味に到達するためには，文全体あるいは前後関係というものをつねに考

慮に入れることが大切です。

　部分が何を意味するかという問題については，最後に cat という名詞を例として取り上げ，簡単に論じておきましょう。cat という名詞は，日本語で「匹」という単位によって数えることのできる1つの完結した個体すなわち有界的な存在としての「猫」を表すものであるため，一般に典型的な可算名詞として扱われます。ところが，問題となっている「猫」が，何らかの理由で，元の状態をとどめることがないほど物理的な変化を来たし，もはや1つの個体としてとらえることが意味をなさない状態に至ったと認識されたときには，不可算名詞の形で表現されることになります。次の文を見て下さい。

　　(103) After I ran over *the cat* with our car, there was *cat* all over the driveway.
　　　　（私たちの車でその猫を轢いてしまった後，ばらばらになった猫が道中に散乱していた）

(103)の文では，典型的な可算名詞である cat が可算・不可算双方の形で用いられています。前半の従属節にあって定冠詞 the を伴っている cat は，可算名詞として言語化されているもので，通常の「猫」を意味しています。それに対して，主節の中で，there 構文の意味上の主語として機能している cat は，不可算名詞の形をとっており，非常にかわいそうなことではありますが，自動車に轢かれてしまって「ばらばらになった猫」という意味を表しています。あえて別の英語で言い換えてみるならば，次のようになるでしょう。

2・可算名詞と不可算名詞の使い分け

(104) After I ran over *the cat* with our car, there were *pieces of the cat* all over the driveway.

この事例の場合,客観的な事実として,まず指示対象である「猫」が「ばらばらになった猫」へと物理的な変化を来たしたため,認知レベルにおいても,有界的な存在であったものが非有界的な存在としてとらえ直され,それを受けて cat という可算名詞が不可算名詞化しているのだと説明することができます。

▶可算名詞と不可算名詞の使い分けは難しくない

英語における可算名詞・不可算名詞の使い分けは,日本人学習者が最も苦手とする文法項目であると言われています。その1つの理由としては,可算名詞と不可算名詞の区分が,英語の話者が対象をどのようにとらえているのかという認知のあり方の問題であるにもかかわらず,これまでの英語教育では,両者を表面的な言語形式の点から区分することばかりに力点が置かれ,残念ながら,それ以上踏み込んだ指導がなされてこなかったという点を指摘することができるでしょう。例えば,「bread は物質名詞であり,数えることができないので,不可算名詞である」といった説明を学習者に押し付けたり,「不定冠詞 a をとるものは可算名詞であり,可算名詞とは不定冠詞 a をとるものである」といったほとんど説明になっていない指導に終始していたということです。

この章では,そうした現状を少しでも改善するために,言語を使用する主体である話者が対象をどのように認識しているのかという問題を重視する認知言語学の考え方を援用し,有界性という概念を素朴な形で導入することによって,可算名詞と不可算名詞

の使い分けについて論じてきました。繰り返しを恐れずに言えば，ある名詞が表象しているものを境界線によって明確に仕切られた有界的な存在として話者がとらえている場合には，可算名詞の形が用いられ，他方，境界線が明白でない非有界的な存在として認識している場合には，不可算名詞の形が用いられるということを論じたのでした。

　もっとも，本章で取り上げることのできた例の数はほんのわずかにすぎません。したがって，今後は，有界性という考え方，より具体的には，本章で提示した6つの判断基準と，原形と部分という対立的な関係を念頭に置きながら，実際の英文を読んだり聞いたりしてみて下さい。そうすることで，可算名詞と不可算名詞の使い分けの基底にある英語的な「もの」の見方ないしは「英語の論理」とでも呼ぶべきものが，必ず強く実感できるようになってくるはずだからです。

3
単数と複数の使い分け

▶英語と日本語における「数」の役割

　英語は「数」(number) に関する情報を明確に表示する言語です。そのため、可算名詞の形で何かを表現しようとするときには、複数性 (plurality) すなわち単数か複数かという数の上での対立をはっきりと言語化することが求められます。まずは、最も基本的な例から見ていきましょう。

(1) I'm reading *a book* by Graham Greene.
　　(グレアム・グリーンの本を読んでいるところだ)
(2) She reads *books* already at age five.
　　(彼女は5歳にしてすでに本を読んでいる)

言うまでもないことかもしれませんが、book のような語が可算名詞として用いられた場合、英語によるコミュニケーションでは、1冊なのか2冊以上なのかという点を、不定冠詞 a を単数形の名詞の前に置いたり、複数であることを表す文法標識 -s を名詞の後に付けたりすることによって、はっきりと示さなければ

なりません。

　これに対して、日本語によるコミュニケーションでは、単数なのか複数なのかという点はわざわざ言わないことの方がむしろふつうです。例えば、(1)の a book は「1冊の本」と日本語で表現することができますが、そのように数を明確に表現することはかなり稀だと思います。事実、(1)の文を日本語に直したとき、「1冊の本」といった具合に、単数であることをあえて明示すると、くどいだけでなく何となくぎこちない感じに聞こえてしまいます。また、(2)の場合も、「何冊かの本」といった具合に、やはり複数であることを明示するような形で日本語に直した場合、意図していた内容とは別のことを含意してしまう恐れがあります。英語の books は単に「複数の本」であることを表現しているだけであり、文脈次第では2冊から何百冊あるいはさらに多くの数の「本」を表すことが可能だからです。

　日本語に数をはっきりと示さない傾向があるという点は、いわゆるカタカナ語（ただし、これも日本語の一種です）の場合、英語において複数であることを示す -s が落ちるという現象にも見られます。例えば、「セブンスター」という名前のたばこは、英語で Seven Stars と箱に表記されていますし、野球の「ツーストライク」も、英語では two strikes と表現しなければなりません。しかし、だからと言って、日本語には単数あるいは複数であることを表現する手段がまったく備わっていないというわけではありません。先程の例で言えば、日本語によるコミュニケーションにおいても、「1冊の本」なのかそれとも「2冊以上の本」なのかという数に関する情報は、必要に応じて示すことが可能です。また、日本語には、「冊」以外にも、「個」、「枚」、「匹」をはじめとして、極めて豊かなと形容することができるほど多くの助

3・単数と複数の使い分け

数詞が存在していることも忘れてはなりません。

　もちろん，そうした助数詞を使わなくとも，「たち」，「ら」あるいは「ども」といった表現を用いることによって，複数であるという点は表すことができます。ただし，これらの表現はどんな名詞にでも付けられる万能の文法標識ではなく，いっしょに用いることが可能な名詞は，「ふぞろいの林檎たち」のような一種の詩的な言い回しを除けば，おそらく生物を意味するものだけであって，それらの使用範囲はかなり限定されています。その一方で，「子供たち」といったような，複数であることを示す「ども」と「たち」を重ねた表現も見られます。もっとも，こうした現象は英語においても生じています。例えば，chickens という形は，chick という真の単数形に複数であることを表す2つの文法標識（-en と -s）が時代を隔てて付加されて形成されたものだという説があります。「子供たち」の「たち」や chickens の -s は，元々は余剰的な情報でしかなかったのです。

　もう1つ注意しておきたいのは，英語における Johns は John という名前の人が複数存在することを意味するものですが，日本語で「太郎たち」といった言ったときには，必ずしも「太郎」という名前の人が複数存在することを意味しているわけではないという点です。「太郎たち」という表現は，ごく一般的には「太郎＋次郎＋三郎……」といった具合に，それぞれ異なる名前を持った複数の人を表しているにすぎません。固有名とともに用いられた場合，英語の複数形である -s と日本語の複数表現である「たち」などとの間には，こういったずれが生じていることは銘記される必要があります。しかし，全体としては，英語は単数なのか複数なのかという点に非常にこだわる言語であるのに対して，日本語は数に関する情報をあいまいな形にしておくことが多

いと理解してよいでしょう。

　では，なぜこれほどまでに英語は数に関する情報を表現しようとするのでしょうか。アメリカの文化人類学者 Edward T. Hall の考え方を借りるならば，多くの情報を積極的に表現する傾向が強い英語は，コンテクストへの依存度が低い言語であるのに対して，場面や前後関係などから得られる情報はわざわざ表現することのない日本語は，コンテクスト依存的な言語だからであると言えるかもしれません。例えば，英語では，主語や目的語は原則として省略することが許されませんが，日本語の場合，それらはコンテクストから容易に引き出すことが可能な情報と見なされているため，しばしば省略されます。数の問題についても，同様にコンテクストへの依存度という視点からとらえ直すことができるのではないでしょうか。すなわち，日本語では，数に関する情報も，コンテクストから得ようと思えばいつでも得られると考えられているために，英語の場合と異なり，そうした情報をあえて表現しないということです（ただし，英語においてさえも，具体的な数字を伴っているときには，-s などの複数であることを示す標識は余剰的なものと見なされ，くだけた会話などでは省略されることがあります）。

　このようなコンテクスト依存的かどうかという問題は，けっして言語としての優劣を物語るものではありません。ましてや，日本人が数に関する概念を持っていないなどということを意味するわけではありません。こうした点は，2つの言語を比較する際には，十分注意する必要があります。しかしながら，英語による正確なコミュニケーションを図るためには，非母語話者である日本人としては，絶えず名詞の数に注意を払い，単数なのかそれとも複数なのかという点を強く意識しておくことがどうしても求めら

3・単数と複数の使い分け

れます。これは，外国語学習の中には，言語規則をそのままの形で習得するということがつねに含まれているからです。

▶複数とは 2 以上を意味するのか

さて，単数か複数かという問題は，基本的には，有界的な存在としてとらえられる個体をいくつ取り上げているのかという問題であると言ってよいでしょう。とはいうものの，このような説明がきちんと成り立つためには，単数および複数という概念がそれぞれ具体的にどのような数を意味しているのかが，あらかじめ明らかになっていなければなりません。ところが，これまでの英語教育では，単数および複数について必ずしも正しい定義が示されてこなかったため，多くの学習者が誤った知識を身につけてしまっているようです。そこで，より正確な定義を提示するために，以下では，順序は逆になりますが，複数とはいったいどういう概念なのかという点から考察していきたいと思います。

まずは，参考までに，中学校で使われている英語の教科書が，複数という概念についてどのような説明を加えているのかを見ておきましょう。

- 2つ［2人］以上のことを表す表現（複数形）
- 2つ以上の物を言うときには複数形を使います
- 名詞に s または es をつけた形を複数形といい，2つ以上のものを表します
- 数えられる名詞には「複数形」（2つ以上のものを表すときの形）があります
- 英語では pen のように数えられる「名詞」（物の名を表すことば）が 2 つ以上になると，pens のように s をつけま

す（中略）pens のように s がついた形を「複数形」とい
　　います

これらから，説明が記載されている教科書のすべてが，複数形とは2つ以上のものを表す文法形式であると定義していることがわかります。こうした説明のしかたは，教科書だけに見られるものではありません。専門的な内容を持った英語学辞典や英文法辞典を調べてみても，やはり同様の記述を見出すことができます。

　　・数（number）の一種。「1つ」を表す単数（singular）に対
　　　し，「2つ以上」を表す
　　・数（number）の一種で2つ以上を表す形態であり，現代英
　　　語においては，名詞，代名詞，指示詞，動詞に複数を示す形
　　　態が認められる

しかし，このような2つ以上という定義を採用した場合，非常に困った問題が発生することになります。それは，整数の1と2の間の数をどう処理したらよいのかという問題です。69頁の(1)および(2)で見た book という名詞について，こうした問題を惹き起こすことなく議論を進めることができたのは，たまたま book が1，2，3といった整数で数えるべき対象を表す名詞だったからにすぎません。
　ここで，イギリスで出版された辞書や文法書が，複数という概念をどのように説明しているのか調べてみましょう。

　　・the form referring to more than one
　　　（1を超えるものを指す形式）

3・単数と複数の使い分け

- Unlike some languages where plural implies 'two or more', English makes the division after 'more than one':
  one half day, one day BUT: *one and a half days, two days, one or two days*
  （複数が「2ないしはそれ以上」を意味する言語とは異なり，英語は「1を超える」の後で区分けがなされている）

上の説明から，複数を2以上（two or more）と考える言語も存在するようですが，英語の場合，複数とは more than one つまり1を超える数を意味するものであることがわかります。ここで気をつけなければならないのは，2以上の数はもちろんのこと，1を含んではいないものの，1と2の間にある数は，形式上，すべて複数として処理されるという点です。実際，上記の引用の中に，「1日半」を意味する one and a half days という例が見られますが，1.5という1と2の中間にある数を表現したものであるために，その説明の通り，days という複数形の名詞が用いられています。

ただし，more than one という表現自体が用いられたときには，それが1を超えることつまり複数であることを意味するものであっても，動詞との呼応においては，例外的に単数扱いになります。下の文において，More than one school は，助動詞の単数形 has と呼応しています。

(3) *More than one school* has closed.
（2校以上の学校が休校した）

これは，文法形式上，単数形で表現される one という語に引かれたためではないかと言われています（なお，上例で用いられている more than one は，基本的に整数でしかとらえられない対象である school を修飾するものであることから，最終的には「1 を超える学校」と「2 つ以上の学校」とは同じ意味を表すものとして解釈されることは言うまでもありません）。

　以上の議論からも明らかなように，英語における複数とは 1 を超える数のことであり，2 以上だけでなく 1 を超え 2 までの間にある数（例えば，1.2や1.5）についても，文法形式上は複数形を用いて表現しなければなりません。日本語で複数と言った場合，多くの国語辞典が定義しているように，2 つ以上であることを表すものと理解してもよいでしょうが，そうした定義を英語に持ち込み，英語においても複数とは 2 つ以上の数を意味すると考えることは正しくありません。先程見た中学校の教科書や英語学の専門書にあるような説明は完全な誤りではないかもしれませんが，非常に誤解を招きやすいものであるので，「1 を超えるものを表すときには」と訂正されることが望まれます。

▶単数とは 1 を意味するのか

　前項で見たように，複数とは有界的な存在としてとらえられる対象を，2 つ以上ではなく 1 を超える数のものを取り上げていることを意味します。したがって，当然，1.2や1.5なども複数として扱われることになります。では，複数の対概念である単数は 1 だけを意味するものとして理解してよいのでしょうか。まずは，複数について考えてみたときと同様，中学校で使用されている英語の教科書において，単数という概念がどのように説明されているのかを見ておくことにしましょう。

3・単数と複数の使い分け

・1つのときの pen を「単数形」（後略）

最初に指摘しておかなければならないのは，複数に関する説明とは異なり，単数についての定義を提示している教科書は，たった1種類しか存在しないという点です。ほとんどの教科書に説明が載っていないのは，単数という概念は中学生にとっても自明のものであり，改めて説明する必要はないと考えた上でのことなのでしょうか。

さて，その単数を定義している唯一の教科書ですが，上記のように，単数とは1つを意味するということが示されています。これは，日本語に「単一」という語が存在するように，通例，単は一と同義であると考えられていることが大きな理由でしょう。もっとも，英語においても，単数を意味する singular という語は，やはり1を表す single から派生したものであるため，イギリスで出版されている辞書や文法書にも同じような説明が記載されています。

- SINGULAR, which denotes 'one'
  (「1」を意味する単数)
- the form of nouns, verbs, pronouns, etc. used to refer to only one in number
  (数の1のみを指すために用いられる名詞，動詞，代名詞などの形式)

なるほど，世の中の事物や人が整数の1以上のものしか存在しないのであれば，単数とは1だけを，複数とは1を超える数を表すと理解しても問題はないでしょう。しかし，現実はそういうわけ

にはいきません。ある名詞の表している対象が，1ではなく1よりも少ない数のものであるということが起こりうるからです。

(4) 16 US fluid ounces＝1 US pint＝*0.473 litre*

上例の場合，0.473という1未満の具体的な数字を伴っているにもかかわらず，litre は単数形で用いられています。しかし，従来からなされてきた説明では，「単数とは1を表す」と定義されていましたから，厳密に言えば，こうした1未満の数を単数として処理することは本来できないはずです。とするならば，そのような矛盾を取り除くために，単数についての定義を修正する必要があるでしょう。ここでは，(4)のような事例を考慮に入れ，「単数とは1を表す」という定義から，「1だけでなく1未満の数を表すときにも，文法形式上は単数として扱われる」いう定義へと変更することにしたいと思います。

▶複数形をとっている1未満の数

しかし，非常にややこしい話ではありますが，1未満の具体的な数字によって表現されているからと言って，つねに単数扱いにしなければならないというわけではないようです。実際のところ，下に掲げたように，1未満を表しているにもかかわらず，複数形をとっている例が見られます。

(5) 　　　　　　(Br)　　　(Am)
　　1 pint　　*0.6 litres*　*0.5 litres*
(6) *0・001 kilograms*

3・単数と複数の使い分け

　確かに，これらの例において，数字の後に来ている単位自体に目を向けてみると，複数であることを表す -s が付けられていることにすぐ気がつきます（ただし，アメリカ英語であれば，litres ではなく liters と綴られますが，原文通りに引用しました）。

　1未満は1よりも小さいことを表しているのは明らかであるのに，なぜこのように複数形で表現することが可能なのでしょうか。1つの考え方として，複数とは1を超える数を意味するのではなく，1以外の数 (other than one) を意味するといった定義自体の変更を求める提案がこれまでになされています。しかし，この提案を受け入れたとしても，1未満を表す場合には，先程の例で見たように，複数形だけでなく単数形も使用される可能性が残されているわけですから，残念ながら，必ずしも決定的な解決策にはなっていません。

　結局のところ，この問題に関しては，今のところまだはっきりとした答えは見つかっていないというのが実情です。せいぜい言えるのは，1未満の数を表すときに，単数形を用いるのかそれとも複数形を用いるのかは，個々の話者あるいは特定の言語共同体の好みによる部分がかなり大きいのではないかといった程度です。ちなみに，(4)の単数形をとっている例は *Oxford Advanced Learner's Dictionary of English* からの引用であるのに対して，(5)と(6)の複数形をとっている例は *Cambridge International Dictionary of English* から抜粋したものですが，これらの辞書の中では，それぞれの形が一貫して用いられています（オックスフォード大学系の辞書とケンブリッジ大学系の辞書が，この問題をめぐって対照的な取り扱いをしているのは，互いのライバル意識の現れであると想像するのは，あまりにも穿った見方でしょうか）。

さて、以上の議論を踏まえた上で、単数とは何かということをここで改めて定義すると、今のところは、「単数とは1だけでなく、1未満の数をも包んだ概念である」とするのがやはり妥当ではないでしょうか。実際には、1未満の数やゼロ（zero）は複数形の名詞とともに用いられることも多く（とくに、「摂氏0度」は zero degrees Celsius と複数形が使われます）、そうした傾向はますます顕著になりつつあります。しかし、1未満の数やゼロには単数形を用いることもできるということも考慮に入れるならば、上記のような定義に落ち着かざるをえないと思います。

ついでながら、負の数を表現する場合は、正の数のときと同じように考えて差し支えありません。すなわち、−1を超える数であるのかどうかを基準にして、−3 inches, −1 inch, −0.5 inch(es) のように表現されるということです。

▶複数性の問題を応用する

可算名詞か不可算名詞かを決定する有界性の問題と並んで、単数か複数かを決定する複数性の問題は、あらゆるところに顔を出してきます。英語においては、有界的な存在を表す可算名詞は、単数なのかそれとも複数なのかを適切な形式によって表現することが言語慣習となっているからです。数を積極的に表現する必要のない日本語を母語とする私たちにとって、数の問題を絶えず意識しつづけるというのはけっして容易なことではありませんが、常識の範囲内で処理することの可能な部分が大きいので、その基本的なしくみを理解するのはさほど難しいことではないでしょう。複数性の問題を考える上では、本章の冒頭に掲げた2つの例（a book と books の対立関係）が基本となります。1以下の場合は単数形を、1を超える場合は複数形を用いればよいわけで

3・単数と複数の使い分け

す。したがって、本書では、複数性に関わる基本的な問題については、これ以上詳しくは触れないつもりです。

しかし、単数かそれとも複数かという問題はいつも単純に処理できるのかと言えば、そういうものばかりとはかぎりません。機械的に片付けることのできないケースとして、ここでは名詞が疑問詞の what や which を伴った場合に、複数性の問題がどのように処理されることになるのかという点について、少し考えていくことにしましょう。

(7) *What sport* do you like the best?
　　（どんなスポーツが一番好きですか）
(8) *What sports* do you play, Lanmei?
　　（どんなスポーツをしますか、ランメイ）

(7)の文では、sport は単数形で用いられています。この場合、話者に単数形を選択させている主な要因は、What という疑問詞自体の性質にあるというよりも、文末にあって最上級の意味を表している the best という句の存在にあると理解してよいでしょう。つまり、「一番好きなスポーツを1つだけあげなさい」ということです。

それに対して、(8)の場合、sports という複数形が用いられていますが、これは「自分でするスポーツを2つ以上にわたっても構わないから例示しなさい」といった具合に、選択の幅について何らの限定も加えずに尋ねている文だからであり、ひょっとしたら聞き手は数種類のスポーツを嗜んでいるかもしれないという想定が話者の心の中にあります。日本語でも、単に「どんなスポーツ」と言った場合には、2つ以上の「スポーツ」がイメージされ

る傾向があるように思われます。

　では，whichとともに用いられている場合はどうでしょうか。下の例を見て下さい。

　(9) *Which sport* do you play?
　　　（どのスポーツが好きですか）
　(10) *Which three things* do you treasure most?
　　　（どの3つが最も大切にしているものですか）

日本語で「どのスポーツ」と言った場合，「どんなスポーツ」という表現とは対照的に，一般に1種類の「スポーツ」がイメージされるような気がします。しかし，whichという疑問詞の場合，必ずどれか1つを選択することを意味するものであるとか，つねに単数形の名詞をしたがえる必要があるといった規則が存在するわけではありません。(9)の事例において，sportという単数形が用いられているのは，「自分でするスポーツを2つ以上の選択肢の中からとりあえず1つあげなさい」といった要求を意味しているからにすぎません。したがって，whichの後に名詞の複数形が入ることは可能であり，その場合には，whichは二者択一を表してはいないことになります。実際，(10)の文では，Whichの後にthree thingsが来ているように，けっして2つのうちから1つを選ぶことを迫るものではありません。「whichは二者択一だけに用いられる」と誤解している学習者が意外と多いようですので，この点については注意が必要です。

　さらに言えば，(10)では，(7)の例と同様，動詞句の中に最上級の表現が含まれているにもかかわらず，thingsという名詞の複数形が用いられています。しかし，「one of the＋最上級＋名

詞の複数形」といった形式が可能であるという事実によって裏付けることができるように，最上級が表現している対象は必ずしも1つであるとはかぎりません。単数形と複数形の間の選択を決定している要因は，最終的には，話者自身が数の問題をどのように考えているのかということであって，which だけでなく先程の what の場合も含め，後に来る名詞との間に，数の上で何か直接的な関係が存在するわけではありません。

▶複数性との絡みから生じるニュアンスの差

今度は，単数形と複数形とではニュアンスがやや異なる事例について簡単に見ておきましょう。ここでは，兄弟・姉妹の存在を尋ねるケースを取り上げることにしたいと思います。英語で兄弟あるいは姉妹がいるのかどうかを尋ねるとき，通常，どのような表現形式が用いられるでしょうか。まずは，次の2つのやりとりを見て下さい（英語では，兄と弟，姉と妹を区別することが少ないので，日本語訳では仮に「弟」，「妹」としておきました）。

(11) Do you have *any brothers*?
　　 Yes, I have one brother.
　　（兄弟はいますか。はい，弟が1人います）
(12) Yuji, do you have *a sister*?
　　 No, I don't. But I have a brother.
　　（ユウジ，妹はいますか。いいえ，いません。でも，弟ならばいます）

兄弟や姉妹の場合，複数存在する可能性があるため，(11)に示した例のごとく，「any＋名詞の複数形」が最もよく用いられるよ

うです。ただし，(11)では，「兄弟」の存在を尋ねる疑問文の中で brothers という複数形が使われているものの，聞き手の側は，「兄弟」が1人しかいないにもかかわらず，Yes で答えている点に注意して下さい。厳密に言えば，そこには何となく数の上で矛盾があるように感じられます。しかし，この文によって尋ねられている真の内容は，「複数の兄弟がいるか」ということではなく，むしろ「1人であれ2人以上であれ，とにかく兄弟がいるのか」ということです。上のやりとりでは，聞き手が有しているかもしれない兄弟の数を1人に限定しないという態度を話者がとっているだけであって，2つの文の間には乗り越えられないような矛盾が存在するわけではありません。

　兄弟あるいは姉妹がいるのかを尋ねる際には，(11)の「any＋名詞の複数形」という表現形式がよく使われることは確かですが，(12)のように，「不定冠詞 a＋名詞の単数形」が用いられることもあります。表現形式としては，どちらも使用することが可能ですが，両者はニュアンスがいくぶん異なるものとして受け取られるかもしれません。すなわち，(11)の「any＋複数形」が，上述したように，どちらかと言えば，数の限定を設けていない開かれた質問であるのに対して，(12)のごとく，「不定冠詞 a＋名詞の単数形」が用いられた場合は，例えば苗字が同じであるといった具合に，聞き手の妹ではないかと思われるある特定の人物を話者があらかじめ想定した上でなされた発話として解釈されるということです。もちろん，これはあくまで含意にすぎませんが，それでも兄弟あるいは姉妹の有無などを尋ねる際に用いられる表現である「any＋名詞の複数形」と「不定冠詞 a＋名詞の単数形」との間には，話者が抱いている想定に若干の違いがあると考えた方がよいように思われます。

3・単数と複数の使い分け

▶多義的な関係

　前章でも見たように，英語の名詞はそのほとんどが可算名詞としても不可算名詞としても用いられるため，単数形と複数形という2つの形を持っていなければなりません。可算名詞というのは，有界的な存在としてとらえられる個体を順次足していくことができるという性質つまり加算性を有するものですから，複数形で言語化された場合，そうした個体が複数集まった状況を表していることになります。例えば，最も典型的には，a book＋a book＝two books といった等式が成立するということです。

　単数か複数かの選択は，基本的には常識の範囲内で処理できる問題であると考えてよいのですが，つねに機械的に処理することができるのかと言えば，必ずしもそうではないということもまた確かです。時として，単数形と複数形とでは表している意味内容が変わってしまう，つまり多義的な関係が見られることがあるからです。そうした名詞の代表例としてしばしば引き合いに出されるのが，下に示した glass という語です。

　(13) Is this *a glass*?
　　　（これはグラスですか）
　(14) A collection of *wine glasses* and *sherry glasses*
　　　（ワイングラスとシェリーグラスのコレクション）
　(15) Jane is a girl who wears *glasses*.
　　　（ジェーンは眼鏡をかけている女の子です）
　(16) Be careful with that vase; it is made of *glass*.
　　　（その花瓶に気をつけて。ガラス製だから）

　(13)において，不定冠詞 a を伴っている glass は，有界的なもの

として認識された「グラス」あるいは「コップ」を，また(14)において，複数形をとっている wine glasses and sherry glasses は「(複数の) ワイングラスとシェリーグラス」を意味するものです。しかし，(15)の glasses は，すでにご存じのように，「眼鏡」を意味しています。なぜ複数形をとっているのかについては，学習者向けの文法書などでは，2枚のレンズによって構成されているからであるといった説明がよくなされています。確かに，glasses をはじめとして，対になった2つの部分からなっているために，a pair of という表現とともに用いられる器具や衣料を意味する名詞は，複数形で使用されます。例えば，前者であれば，scissors, tweezers などを，また後者であれば，trousers, shoes などをあげることができます。ただし，glasses と複数形をとっているならば，自動的に「眼鏡」を意味すると即断することは避けた方がよいでしょう。(14)でも見たように，glasses という複数形には，「眼鏡」という意味だけでなく，「(複数の) グラス」という本来の意味も当然認められねばならないからです。

　ついでながら，(16)のように，非有界的なものとしてとらえられた上で，不可算名詞の形で言語化されている glass は，「素材としてのガラス」を意味します。日本語では，「グラス」と「ガラス」といった具合に，語頭の音を変えることによって，意味の違いが表現されていますが，英語の場合，glass という名詞を可算名詞あるいは不可算名詞の形で言語化することによって，その違いが表現されているのは非常に興味深く思われます。

　多義的な名詞の2つ目の例として，person という名詞の複数形 persons とその異形 people を取り上げてみましょう。

(17) This elevator may only carry *eight persons.*

3・単数と複数の使い分け

(このエレベーターは8人乗りにすぎない)
(18) We've invited *thirty people* to our party.
(私たちはパーティーに30人招待した)

(17)の persons は，数詞 eight と -s という文法標識を伴っていることから，person という名詞の複数形であることは明らかです。他方，(18)において thirty を伴っている people も異形ではありますが，persons に相当する複数形の名詞です。日本語に直すと，それぞれ「8人」，「30人」と表現されてしまうので，両者間にニュアンスの差は感じられないかもしれませんが，persons という形は，どちらかと言うと，硬い文章の中で使われることが多いようです。辞書によっては，フォーマルな用法である旨のただし書きが添えられています。他方，people は，不特定多数の人たちを表すときに好んで用いられます。

また，この people という名詞は「人々」や「人たち」といった意味だけでなく，下の例のように，「民族」あるいは「国民」といった意味を表す場合もあります。

(19) The Germans are *generous people*.
(ドイツ人／そのドイツ人たちは寛容な人たちだ)
(20) The Chinese are *a hard-working people*.
(中国人は勤勉な国民である)
(21) *The peoples of Africa* have a rich history.
(アフリカの諸民族は豊かな歴史を持っている)

(19)の people は，(18)の事例と同じ用法のもので，「人々」や「人たち」を意味する person の複数形です。この例における

	単数形	複数形
人	a person	persons / people
民族	a people	peoples

people と複数性の関係

The Germans は,「ドイツ人(一般)」もしくは聞き手もその存在を知っている「一群のドイツ人たち」を指しています。それに対して, (20)の people は, 不定冠詞 a を伴っていることからわかるように, person という名詞の複数形ではなく, それ自身が単数形として用いられており,「民族」や「国民」といった意味を表しています。また, (21)の peoples は, 複数であることを示す文法標識 -s が付いていることからも明らかなように, (20)で使われている名詞 people の複数形であって,「諸民族」あるいは「諸国民」を意味します。

　上に掲げた表は, 今述べた関係をわかりやすく整理したものです。この表からも見てとることができるように,「人々」という複数の意味を表す場合, people は不定冠詞や -s などを伴うことなくそのままの形で用いられます。しかし,「民族」や「国民」といった意味を表すときには, 不定冠詞を伴った a people のような単数形, あるいは peoples のように -s を伴った複数形で使用されなければなりません。

▶ a=one は正しいか

　ところで, 冠詞はほぼ必ずと言っていいほど名詞とともに用いられる必要があるため, 被修飾語である名詞に関する十分な分析なしに, 冠詞についての考察を進めることはできません。有界性や複数性の問題を論じるに当たって, これまでどちらかと言え

3・単数と複数の使い分け

ば、名詞の問題を中心に扱ってきたのはそのためです。しかし、ここではしばらくの間、そうした名詞の問題から離れて、不定冠詞 a と数詞 one との関係について見ていきたいと思います。

一般的には、a も one もいわば単一性（oneness）を表す文法標識であることに変わりはなく、両者は相互に交換可能な存在として受け取られているようです。なるほど、歴史的に見れば、不定冠詞 a は数詞 one と語源が同じであり、an → a と音声的に次第に弱化していくことによって誕生したものですから、そのように考えられていたとしてもさほど不思議ではありません。しかし、不定冠詞が誕生する過程で、抽象的な文法関係を表す機能語としてふるまうことができるようになったのと引き換えに、one が本来的に有していた「1つ」という語彙的意味を希薄化させてしまった点にも目を向ける必要があります。本章で示した定義にしたがえば、単数とは1そのものだけを意味しているのではなく、1未満の数をも含んだ概念なのであって、one とは異なり、a は単一性を表すためだけに用いられるものではありません。

こうした不定冠詞 a と数詞 one との関係について、まずは次に掲げた一見単純そうな文から見ていきましょう。

(22) This is *a pencil*.
(23) *This is *one pencil*.
　　　（これは鉛筆というものです）

(22)の文で用いられている a が、もし one と書き換えても意味が変わらないとするならば、「これは1本の鉛筆です」という解釈を採ったとしても、別段問題はないでしょう。しかし、上述したように、今日の不定冠詞が果たしている機能は、単なる数詞

	単数	複数	強調される点
	This is an apple	These are apples	類
	I'd like an apple	I'd like some apples	量＋類

不定冠詞が果たしている機能

one の弱形以上のものがあります。不定冠詞が「1つの」という単一性の意味を必ずしも積極的に表してはいないという事実は，(22)の文で pencil の前に置かれていた不定冠詞 a の代わりに数詞 one を用いた(23)が文法的な文として容認されないことを考えれば，十分に納得がいくのではないでしょうか。実際，日本語でも「これは1本の鉛筆です」という言い方は，あまり自然であるとは思えません。

　こうした点に関して，R. A. Close というイギリスの文法家は，不定冠詞の a はある類（class）に属するものの1つという意味を表明するために用いられることを指摘した上で，類だけを強調することも，1つという量（quantity）をも含めて両方を強調することも可能だと述べています。そして，この強調の違いがどのように働くかを，上に掲げた表のごとく，非常にわかりやすい形で示しています。先程の(22)と同じ構造をとっている This is an apple という文を，Close が量＋類ではなく類を強調する例としてあげている点に注意して下さい。これは，この文が量の面にまったく関心を置いておらず，文中で使用されている不定冠詞 an は，話者が apple を明確な境界線を持った有界的な個体として認識していることを示すものだからです。それに対して，(23)の例が非文法的であったのは，この形の文が類だけを表現しようというものだからであると言えます。他方，不定冠詞が量＋類を表すケースとしては，上表にも示されているように，I'd like an apple

3・単数と複数の使い分け

といった例をあげることができます。ただし，もし量の面に力点をより強く置きたいのであれば，後述するように，an ではなく one が使用されることになるでしょう。

　さて，This is a pencil. という文を「これは1本の鉛筆です」と解釈するのは不自然なわけですが，一般に行なわれているように「これは鉛筆です」という意味の文として解釈することも，通例，私たちは「鉛筆」がどういうものであるのかわかっているのですから，あまり妥当であるとは思われません。もし実物を示しながら This is a pencil. という文が発せられたとするならば，むしろこの文は日本語の「鉛筆」に相当するものが英語で何と呼ばれているのかを聞き手に示す，つまり名称を提示する機能を果たすものであって，「これは（英語で）pencil（と呼ばれているもの）です」という意味を表す文として解釈すべきでしょう。

　以上のように，不定冠詞 a と数詞 one とでは，現代英語においてそれぞれが有している意味や果たしている機能はかなり異なっています。次に掲げた2つの文の場合も，量を強調する文であるのかどうかという点で，ニュアンスを大きく異にしていると言ってよいでしょう。

(24) Let's take *a taxi* to Kyoto Station.
　　（京都駅までタクシーで行きましょう）
(25) Let's take *one taxi* to Kyoto Station.
　　（京都駅まで1台のタクシーで行きましょう）

(24)の文は，どのような交通手段を利用するのかという類を積極的に表現したものであり，例えば「バスではなく，タクシーで」といった意味を表しています。それに対して，(25)の方は，量す

なわち「タクシー」の台数が問題となっており、例えば「2台のタクシーではなく、1台のタクシーで」といった意味を表すものです。

こうした例に見られる不定冠詞 a と数詞 one の間の意味や機能の違いから、類だけを問題にしているのであれば、one を使用することは適当ではなく、反対に量を表現することのみに重点を置きたいときには、不定冠詞ではなく one を用いるべきだということがわかります。さらに、下の例を見て下さい。

(26) There are seven days in *a week*.
　　（1週間は7日です）
(27) seven days in *one week*
　　（1週間に7日）

原則通りに考えれば、(26)の文では、week の前に a が使用されていることから、必ずしも数の上での対比を示すものではないでしょう。もし対比があるとするならば、それは month や year といった他の単位との対比、すなわち類に関する対比を表すものとして解釈されるべきです。(27)の方は、week の前に one が用いられているので、量に意味の重点を置くことが意図されていると考えられます。この例のニュアンスをあえて日本語で表現してみるならば、「何と1週間に7日も」といったものになるでしょうか。

ところで、類のみかそれとも量＋類を表現しようとしているのかという点は、単数を意味する場合だけでなく、当然のことながら、複数を意味する場合にも問題となります。例えば、(22)の This is a pencil. という文を複数形にしたものは次頁の(28)の

3・単数と複数の使い分け

形をとり，数量詞と呼ばれている some を pencils の前に付けた(29)のような文は非文と見なされます。

(28) These are *pencils*.
(29)*These are *some pencils*.
　　（これらは鉛筆というものです）

これは，some が量の面をある程度積極的に表すものであるために，類だけを表現しようという場合には用いることができないからです。反対に，量＋類を表現しようというときには，some などの数量詞が必要になってきます。90頁に示した Close の表において，量＋類を表す形式の複数形が I'd like some apples になっている点に注意して下さい。

　ちなみに，some は可算名詞の複数形だけでなく，不可算名詞とともに用いることもできます。もちろん，その場合にも，量＋類が問題となっています。下に示した2つの例では，不可算名詞の前に some が付されているかどうかによって，類なのかそれとも量＋類なのかという対比がはっきりと現れています。

(30) 'Tea or *coffee*?' she asked.
　　（「紅茶にしますか，コーヒーにしますか」と彼女は尋ねた）
(31) Would you like *some coffee*?
　　（コーヒーでもいかがですか）

some を伴っていない(30)の場合，「紅茶」と「コーヒー」という類が問題になっていると考えられるのに対して，some が付さ

れている(31)の方は,「いくらかの量のコーヒー」が念頭に置かれた上で発せられていると理解してよいでしょう。

いずれにしても,被修飾語が可算名詞の単数形,複数形,不可算名詞であるかを問わず,意味の比重が類にあるのかそれとも量＋類にあるのかという点は,十分に考慮に入れておく必要があります。同じ単数だからといって,a＝one といったような図式をいつまでも後生大事にとっておくのはやめにしたいものです。

▶統合的認知と離散的認知

このあたりで,複数性に関する議論を再び名詞の方へ戻したいと思います。ただし,念のために,単数と複数という概念について,ここでもう一度確認しておくならば,本書では「単数とは1以下の数を表し,複数とは1を超える数を表す」と定義したのでした。

さて,ある名詞が主語の位置に入った場合,動詞との呼応という点では,単数形の名詞は単数扱いとなり,複数形の名詞は複数扱いとなることは言うまでもありません。これが,一応の大原則です。しかし,名詞が表している意味内容によっては,そうした原則から外れたふるまい方をする事例を数多く観察することができます。呼応関係にそうした齟齬が見られる代表的なケースとしては,いわゆる集合名詞が主語に来ている場合をあげることができるでしょう。

(32) *My firm* was founded in the 18th century.
(私の会社は18世紀に設立された)
(33) *My firm* are wonderful. They do all they can for me.
(私の会社の人たちはすばらしい。皆できるだけのこと

3・単数と複数の使い分け

　を私にしてくれる)

(32)の例では, My firm が単数扱いとなっていますが, これは法人格を有するなど1つのまとまりを持った単位として認識される集合体を表しているからであり,「一企業としての私の会社」といった意味のものです。それとは対照的に, (33)の例では, My firm が複数扱いとなっていますが, これは集合体を構成する個々のメンバーを念頭に置いたものだからであり, ちょうど「私の会社の人たち」といった日本語訳がぴったり来ます。後に続く文において, My firm という名詞句が複数であることを示す代名詞 They によって引き継がれている点にも注目して下さい。

　では, こうした単数扱いかそれとも複数扱いかという違いは, いったい何に由来するものなのでしょうか。1つの可能性としては, 話者が指示対象をどのようにとらえているのかということ, つまり認知のあり方が基本的に異なっているという点を指摘することができるでしょう。もう少し説明を加えるならば, 話者が認知の焦点を集合それ自体に当てて, 対象を統合された単一的な存在としてとらえているのか, それとも認知の焦点を集合のメンバーに当てて, 少なくとも1を超える構成メンバーからなる複数の存在としてとらえているのかが問題となっているということです。山梨正明氏は, 前者のような認知のあり方を統合的認知, 後者のような場合を離散的認知と呼び, 次頁のような形で図式化しています。

　この考え方にしたがうならば, 主語と動詞の呼応関係も, 認知の焦点(図の中で太線によって示されている部分)がどこに当てられているかによって決まってくると言えるでしょう。すなわ

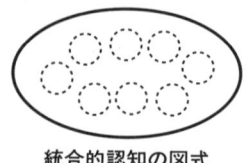

統合的認知の図式 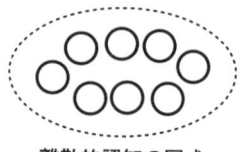　　　　　　　離散的認知の図式

集合と認知のあり方

ち，個々のメンバーを完全に捨象し，1つのまとまりを持った存在として対象をとらえる統合的認知が働いた場合，単数形の動詞と呼応するのに対して，1を超える構成メンバーからなる複数の存在として対象をとらえる離散的認知が働いた場合は，単数形の名詞が使用されていても，動詞との関係では複数扱いになるのです。(32)の例に戻って説明するならば，My firm が単数扱いとなっているのは，統合的認知が働いた結果，一企業としてのまとまりを有する「私の会社」を意味しているからであり，他方，(33)の例が複数扱いとなっているのは，離散的認知が作動した結果，集合体のメンバーに焦点が当てられ，「私の会社の人たち」を意味しているからです。

こうした統合的認知と離散的認知とが機能する集合名詞の例を，もう1つ見ておきましょう。

(34) *A new family* has / have moved in next door.
(新しい家族が隣りに引っ越してきた)

上例からも明らかなように，A new family は，動詞句の一部を構成する助動詞 has と have のいずれの形とも呼応することが許されています。日本語では，どちらの場合についても「新しい家族」という同じ表現を用いざるをえませんが，(34)の文自体に

3・単数と複数の使い分け

は，ニュアンスの差がかなり強く感じられます。まず，has と呼応した場合には，A new family は統合的認知によってとらえられた結果，1つのまとまりを持った集合体としての「新しい家族」を表すことになります。それに対して，have と呼応した場合は，離散的認知を通してとらえられた結果，1を超えるメンバーからなる「新しい家族」を意味することになります。こうした2通りの認知が適用される集合名詞の例としては，これら以外に audience, club, committee, government, team などをあげることができるでしょう。

また，固有名であるにもかかわらず，やはり認知のあり方によっては，複数扱いになる事例があります。

(35) *Leeds* was / were the better team.
　　（リーズの方がよいチームであった）

この文において，Leeds は単に「リーズ」というイギリスの都市を指しているのではなく，「リーズに本拠地を置くサッカークラブ」を指しています。もし Leeds が単にその名称を有する土地を直接的に指示しているだけならば，動詞との関係において単数扱いになるはずです。しかし，この場合は，「リーズに本拠地を置くサッカークラブ」を指しているために，club ないしは team という集合名詞の用法に準じて，統合的認知と離散的認知のどちらをも受けることが可能になっています（このような固有名の用法については，第5章で詳しく論じるつもりです）。

▶数詞との関係

統合的認知と離散的認知が典型的に作用するのは，前項で見た

ような集合名詞の場合です。しかし，数詞を含んだ表現の中にも，非常に興味深い現象を発見することができます。

(36) *Twenty miles* is a long way to walk.
(20マイルは歩くには長い道程だ)

上例では，集合名詞の例とは反対に，主語の位置に miles という複数形の名詞が使われていますが，それにもかかわらず，動詞には is という単数であることを意味する be 動詞が用いられています。こうした現象が見られるのは，複数形によって表現されている一定の距離を，統合的認知によって1つのまとまりを持ったものとして描き出そうという意図が話者の側にあるからでしょう。同様の事例は，距離だけでなく金額の多寡を表す場合などにも見られます。

(37) He'll get £ *50,000* from the company when he retires which is a tidy (= large) sum.
(彼は退職したときに会社から50,000ポンド貰うことになるが，それは結構な金額だ)

この例の場合でも，統合的認知が働いた結果，退職金である£50,000は後続する関係詞節の中で単数であることを示す動詞 is と呼応しています。
では，次の(38)のような例については，どういった説明が可能でしょうか。

(38) *An estimated 15 million trees* were blown down.

3・単数と複数の使い分け

(およそ1500万本の木が吹き倒された)

上例の場合，主語の位置にあって 15 million を伴っている trees という複数形の名詞は，動詞との呼応関係において，複数扱いになっているために，were が使用されています。ところが，trees が複数形の名詞であるにもかかわらず，この名詞句の先頭には An が用いられており，非常に変則的な構造を持った文のように見えます。しかし，上記の文で用いられている An は，歴史的に言えば，a few や a good many といった表現などの場合と同様，複数であることを意味する不定冠詞(現代英語の some に相当します)から発達したのであって，数詞 one と語源が同じである通常の不定冠詞とは区別されるべきものです。したがって，(38)の例では，動詞との呼応から見てもそうであるように，統合的認知はまったく働いていません。

　この some に相当する不定冠詞 a の使用が許される言語環境はと言えば，a few のようなイディオム化した表現を除くと，数詞を伴っているということが基本条件になっているようです。また，上で見た estimated という語以外では，full, good, record, scanty, tiny といった主として多寡を表し，ある程度まとまりを感じさせるような性質を有する形容詞を伴っている場合に，この種の a が用いられる傾向があります。

(39) It's been *a full six months* since I last heard from her.
　　 (彼女から最後に便りをもらってから丸6か月がたつ)

しかし，実際には，次のようなごくふつうの意味を表す形容詞を伴っているときにも，こうした現象は観察されます。

(40) She spent *a happy ten minutes* looking through the photos.
(彼女はそれらの写真に目を通して楽しい10分間を過ごした)

(41) I've had *a very busy three days*.
(とても忙しい3日間だった)

気をつけなければならないのは，estimated や full などの多寡を表す形容詞と happy や busy をはじめとするその他の形容詞との間には，大きな違いが見られるという点です。前者の場合は，直後に来る数詞を修飾するものとして分析されますが，後者の場合，数詞ではなく名詞を修飾するものとして解釈されます。いずれにしても，これらの例で用いられているaやanは，語源がoneと同じである通常の不定冠詞とは一応区別した方がよいでしょう。

▶複数個体と連続体

ところで，人間の認知のあり方は，英語ならば英語という特定の言語文化における話者と対象との間の関わり合いを映し出したものであり，それにしたがって，言語レベルでの表現のしかたも，かなりの程度慣習化されています。しかし，認識の主体が自身の認知機構を通して外界を解釈しようとする話者の側にあるとするならば，名詞が表している対象の形状は，話者がある種の認知的操作を主体的に加えることによって，たやすく変化させることができるように思われます。もう少し平たく言えば，対象がほとんど同じような状態にあっても，話者がそれを異なる「もの」の見方を通して解釈しようとするならば，例えば学校文法において「可算名詞の不可算名詞化」と呼ばれている現象は容易に起こ

3・単数と複数の使い分け

りうるということです。

「可算名詞の不可算名詞化」については，前章でも比較的詳しく論じましたが，ここで取り上げたいと思っているのは，可算名詞で表現される対象が多数集まっているときに，不可算名詞の形でも表現されるというケースです。多少敷衍すれば，有界的な存在としてとらえられる個体が数多く集合している状態，すなわち複数個体からなる集合体が，池上嘉彦氏の言う「極限的な多数化」によって，非有界的な存在としてとらえられる均質な連続体へと再解釈される場合のことです。

まずは，最もわかりやすい例であると思われる hair という名詞から検討していきましょう。

(42) He's starting to get *a few gray hairs* now.
（近頃，彼は白髪が少し生えはじめている）
(43) an old lady with *gray hair*
（白髪の老女）

(42)の文で，hair が可算名詞として言語化され，複数形で用いられているのは，1本1本数えることができるという意味で，境界線を引くことの可能な有界的な存在として認識された「数本の髪の毛」を表しているからです。他方，(43)の hair は不可算名詞の形で用いられていますが，これは「髪の毛」を1本1本とらえるといったことをせずに，極めて多数であるという認識に基づいて，非有界的な連続体として把握された「髪の毛」を意味しているからです。

このような現象が見られるのは，多数の複数個体からなっている集合体を，言語主体としての話者が，例えばテレビカメラのよ

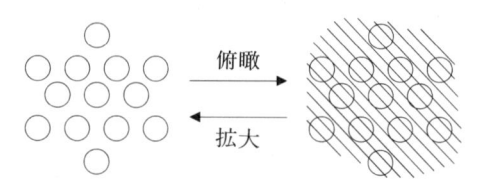

複数個体(有界的) 　　　連続体(非有界的)

俯瞰と拡大という認知的操作

うに引いて撮る,つまり俯瞰(ふかん)という操作を行なうことにより,個体と個体の間にある隙間を認知的に(知覚によってではありません)確認できなくなるまで埋め込み,均質で非個別的な連続体を作り上げていくことが許されているからでしょう。前章でも述べたように,均質的な性格を有する連続体は非有界的な存在としてとらえられるべきものであるため,最終的には不可算名詞の形で表現されることになります。上図は,そのような認知的操作の過程を描いたものです。

　もっとも,この連続体化という認知の過程は,対象の状態が物理的に変化することによって生じるものとはかぎりません。むしろそうしたことは関係なく,話者自身が主体的に個体間の隙間を埋め込むという認知的操作を行ない,有界的な存在である個体の大きさを極小化させ,さらに融合あるいは消失させることで,不可算名詞による表現が保証されていると理解した方がよいかもしれません。

　さらに注意したいのは,複数個体と連続体の間に見られる認知のあり方は,極限的な多数化によって連続体を作り上げるという一方的なものではなく,現実には,逆方向への認知的操作も行なわれるという点です。非有界的な存在として認識されている連続

3・単数と複数の使い分け

体は、例えば顕微鏡のように拡大という操作を施すことによって、成員をはっきりととらえられる複数個体へと還元することができるのです。前頁に掲げた図は、俯瞰という複数個体から連続体への認知的操作だけでなく、こうした拡大という連続体から複数個体への認知的操作の過程をも同時に示しています。

もう少し具体例を見ていきましょう。一般に、boy という語は典型的な可算名詞と考えられていますが、認知のあり方次第では、不可算名詞の形で用いられることがあります。

(44) *A group of boys* were playing football in the street.
(通りで一団の男の子たちがサッカーをしていた)
(45) There's *too much boy* in the bathtub.
(浴槽には男の子がぎっしり入っている)

(44)の boys は、依然として複数の個体として認識されている「男の子たち」を表しています。この場合、たとえ多数ではあっても、有界的な個体としての「男の子たち」の存在は、やはりまだ確認可能な状態にあります。実際、動詞との呼応において複数扱いになっているのは、その証左であると言ってよいでしょう。それに対して、(45)の不可算名詞の形で用いられている boy は、極限的な多数化によって生じた連続体を表すもので、「浴槽から溢れ出るほど男の子がいる」ことを意味しています。通常であれば、浴槽の中に例えば何百人もの男の子が入っているなどという状況は想像しがたいことですが、認知のレベルにおいて、非常に多数であると認められた場合には、上例のように不可算名詞の形を用いることができます。

複数個体を表す可算名詞と連続体を表す不可算名詞は、ある程

度相互に排他的な関係にある2つの認知のあり方を反映したものであるため、それぞれ使用される文脈は多少異なってくるはずであり、上で見た hairs と hair, boys と boy の場合、相互に交換して用いることはおそらく許されないでしょう。というのは、(42)の hairs と(44)の boys は、複数形をとってはいるものの、それほど多数でないことを示す a few や a group of を伴っているのに対して、(43)の hair は、日本語の表現を使うならば、「真っ白な髪」といった印象を与えるほど、また(45)の boy の方は、「芋を洗うように（あるいは立錐の余地もないくらいに）極めて多数の男の子がいる」ことを意味するものだからです。

　しかし、複数個体を表す可算名詞と連続体を表す不可算名詞とは、状況によっては、ほとんど同一の対象を指すことが可能です。次の2つの例は、「犬」と「猫」という異なる動物を意味するものですが、文の基本構造は同じであると言ってよいでしょう。

　　(46) Her house smells of *dogs*.
　　　　（彼女の家は犬の臭いがする）
　　(47) This room smells of *cat*.
　　　　（この部屋は猫の臭いが充満している）

ただし、可算名詞と不可算名詞という形式上の違いから、両者間にはニュアンスの差が感じられます。(46)の文で、dogs が複数形の可算名詞として言語化されているのは、仮に相当多数ではあっても1匹ずつ数えることのできる有界的な存在として認識されているからであり、有界的な個体としての「犬」の存在はまだ確認可能な状態にあります。それに対して、cat が不可算名詞の形

3・単数と複数の使い分け

で用いられている(47)の文は、個体の存在が意識に上らないほど「猫の臭いが充満している」といった意味を表すものです。「犬」と「猫」という違いはありますが、対象の置かれている客観的な状況は、ひょっとしたらほとんど変わらないかもしれません。明らかに異なっているものがあるとすれば、それは話者が対象をどのように認識しているのかという点であり、極限的な多数化によって対象が非有界的な連続体としてとらえられるかどうかは、そうした認知のあり方によって決まってきます。

極限的な多数化を表現するために不可算名詞が用いられている事例を、もう少し見ていきましょう。

(48) The apples are full of *worms*.
（それらのりんごは虫だらけだ）
(49) I've been collecting *worm* for fish bait.
（私は魚の餌に虫をずっと集めている）

これまでの説明からも明らかなように、(48)のwormsは、有界的にとらえられた個体としての「虫」が数多く集まった状態を意味しているのに対して、(49)のwormは、「魚の餌として、互いに絡み合ってしまうほど虫を集めてきた」ことを表しています。

こうした有界的な存在としてとらえられる個体が多数集合している状態を、非有界的な存在としてとらえられる均質な連続体へと再解釈するという現象は、非常に珍しいことなのではないかと思われるかもしれませんが、実際にはとりたてて特別視するほどのものではありません。なぜなら、このような認知過程が働くことによって可算名詞の複数形と不可算名詞とが交替するという事例は、必ずしも同じ名詞の形で表現されるわけではありません

複数個体（有界的）		連続体（非有界的）
glasses	⟷	glass (= glassware)
raindrops	⟷	rain
snowflakes	⟷	snow
hailstones	⟷	hail
leaves	⟷	foliage
trees	⟷	timber
shrubs	⟷	shrubbery
jewels	⟷	jewelry

俯瞰と拡大の具体例

が、上の表に掲げたように、天候や植物に関する語を中心に数多く観察されるからです。

　この表に対の形で示した名詞は、場合によっては、どちらも同一の対象を表すことが一応可能ですが、複数個体間に見られる隙間を認知的に埋め込むという操作、つまり俯瞰を行なったときには、その対象は非有界的な存在である連続体としてとらえられるため、右側に掲げた名詞が使用されることになります。それとは反対に、隙間がはっきり見えるほど拡大していくならば、連続体は複数個体へと還元され、左側の名詞が使用されるようになります。1組だけ例をあげておきましょう。

(50) John raked *leaves* all morning.
　　（ジョンは朝の間ずっと落ち葉を寄せ集めた）
(51) *The fall foliage* was breathtaking this year.
　　（今年の秋は紅葉が息を呑むほどであった）

(50)の leaves は、依然として1枚1枚数えようと思えば数えられる「葉」を意味しているのに対して、(51)の foliage は遠くか

ら眺めたときの状態などを表すもので，1枚1枚が非常に識別しにくい「群葉」を意味しています。前述したように，複数個体を表す可算名詞と連続体を表す不可算名詞とは，場合によっては，ほとんど同一の対象を指すことも可能でしょうが，ある程度相互に排他的な関係にある2つの認知のあり方を反映したものであるため，それぞれ使用される文脈は自ずと異なってきます。上例の場合であれば，leaves は (50) と (51) のどちらの文でも使えるかもしれませんが（ただし，後者の場合，動詞は were に変わります），foliage を (50) の文で用いることはできないでしょう。

▶単数と複数の使い分けは難しくない

　以上，この章では単数と複数をめぐる様々な問題について検討を加えてきました。その中で，絶対に忘れていただきたくないのは，「単数とは1以下の数を表し，複数とは1を超える数を表す」という基本的な点です。教科書などを通して，「単数とは1を表し，複数とは2以上を表す」という定義が一般に広まっていますが，これは必ずしも正確なものではないので，十分に注意して下さい。単数か複数かの処理は，常識の範囲内である程度機械的に行なえることが多いように思われます。しかし，時として，単数かそれとも複数かによって意味やニュアンスが変わってくることがあるので，これも注意が必要です。また，不定冠詞の a と数詞 one とはまったく同じ機能を果たしているわけではなく，後者は単一性を強調するときにのみ用いられるということも再確認しておきたい点です。

　本章の後半で検討した可算名詞の複数形と不可算名詞との間に見られる関係は，たとえ同一の対象を表現する場合であっても，言語主体としての話者のとる認知様式が異なれば，使われる言語

形式も自ずと異なってくることを示すものでした。もちろん，そうした事例をすべて列挙することは到底できませんが，この章で取り上げた統合的認知と離散的認知ならびに俯瞰と拡大といった認知のあり方を心にとどめておくならば，学校では習わないような使い方をされている名詞表現に出くわしたとしても，慌てる必要はなくなるでしょう。

　全体としては，上でも述べたように，単数か複数かの処理は，常識の範囲内で行なえる場合が多いように思われます。ただし，日本語は数を明確に表現することをあまり好まない言語であることから，私たちは英語を使うときにも，ついつい日本語の習慣を持ち込み，数の問題を忘れてしまいがちです。数の問題を絶えず気に掛けておくのは非常に難しいことですが，少なくとも英語を話したり書いたりする際には，単数なのかそれとも複数なのかという点を可能なかぎり意識し，表現するように心掛けたいものです。

4 定冠詞と不定冠詞の使い分け

▶定冠詞の「定」とは何か

　一般に，学校文法では，the は定冠詞，a および an は不定冠詞と呼ばれています。しかし，これまでの英語教育では，定や不定という用語がどのような意味を表すものなのか，学習者に対してきちんとした説明がなされてこなかったように思われます。たとえ説明されたとしても，たいていの場合，「定冠詞とは the のことであり，不定冠詞とは a / an のことである」といった説明に終始しているというのが実情ではないでしょうか。

　その一方で，定冠詞 the の用法を細かく分類し，それを学習者に丸ごと押し付けるということも行なわれてきました。なるほど，辞書や文法書にはかなりの数に上る the の用法が事細かに記載されていることから，一見したところ，the にはいわゆる多義的な関係が存在するように感じられます。しかし，そうした多種多様な用法が相互に関連の薄いばらばらなものとして教えられたならば，その根底には何らの原理・原則も存在しない極めて場当たり的な規則として定冠詞を把握しなければならなくなってしまいます。場合によっては，個々の用法を細かく説明することも必

要かもしれませんが，むしろ今求められているのは，定冠詞の使い方をある程度統一的に説明する方法を探っていくことではないでしょうか。以下では，しばらくの間，定・不定あるいは両者を統合した概念である定性（definiteness）とはいったいどのようなものなのかという問題について考えてみることにしましょう。

定性とはどういった概念なのかということを示そうとするとき，1つの方法として，これを既知性（knownness）の問題と結びつけて説明することが可能かもしれません。既知性というのは，話者と聞き手とが共有している知識を参照枠とした上で，問題の名詞が表している対象を聞き手はすでに知っているにちがいないと話者が判断しているかどうかを表す概念のことです。このように言うと少し難しく聞こえてしまうかもしれませんが，場面や文脈を拠り所とすることによって，ある名詞の指している対象を聞き手はすでに知っている，すなわち既知のものと見なすことができるかどうかということを単に意味しているにすぎません。

この既知性という概念と定冠詞 the の使用との間には，非常に密接な関係が存在しているという点は，次の文からもはっきりとわかります。

(1) Did you know that you have *the mud / mud on your coat?
（あなたのコートに泥がついているのを知っていましたか）

上例において，定冠詞を伴っている方は非文法的な文となっていますが，これは mud の表している対象が聞き手にとって既知のものであるのかどうかをこれから尋ねようとしている文の中で，

4・定冠詞と不定冠詞の使い分け

the という既知であることを示す文法標識を用いるのは論理的におかしな話だからです。正しい文に改めるには，the を削除し，そうした論理上の矛盾を取り除く必要があります。

しかし，定か不定かという問題は，つねに既知か未知かということだけによって決定されるものとはかぎりません。例えば，次の文における person は，聞き手がすでに知っている対象を指示しているために，定冠詞が使用されているわけではありません。

(2) She appeared to be *the most interesting person* in the room.
（彼女はその部屋で最も面白い人のように思われた）

上例で the が使用されているのは，発話のなされた場面において，最上級の意味を表す語句を含んだ the most interesting person の指示対象は1つだけしか存在しないと話者が考えているからであると言ってよいでしょう。このように名詞の指示対象がそれ以外の何物でもない，あるいは他に指しうるものは何もないということを表す概念を，John A. Hawkins は，包括性 (inclusiveness) と呼んでいます。確かに，こうした考え方を採用することで，(2)に示した聞き手にとって既知であるとは断言しえないような文脈で用いられている the についても，容易に説明することが可能となります。

そこで，定冠詞の使い方について見ていく前に，この包括性という概念を利用することにより，定性という用語の定義を前もって提示しておきたいと思います。すなわち，本書の言う定性とは，話者が絶えず聞き手との間で共有している知識（その中には，場面や文脈も含まれます）を参照することによって，名詞の

指示対象がそれ以外の何物でもないと言えるほど，どれを指しているのか聞き手にはわかっているはずだと話者が判断しているかどうかを表す概念を意味しています。しかし，これではあまりにも回りくどい言い方ですので，表現自体は硬くなりますが，もう少し簡潔に，定性とは問題になっている名詞の指示対象を聞き手は唯一的に同定している（uniquely identify）はずだと話者が考えているかどうかを表す概念であると言い換えておきましょう。そして，聞き手が指示対象を唯一的に同定しているにちがいないと話者が考えている場合を定，唯一的に同定しているとは考えていない場合を不定と呼ぶことにしたいと思います。

ただし，定性の問題に関しては，若干注意を要する点が2つあります。その1つは，定冠詞 the はある名詞によって表されているものが1つだけしか存在しないということ，つまり「存在の唯一性」を保証するものではなく，聞き手が指示対象を唯一的に同定していると話者が判断していることを表すものにすぎないという点です。例えば，the pen という表現は，この世に pen と呼ばれるものが1つしか存在しないということを意味しているわけではなく，話者が問題としている pen は1つだけであるということを示しているにすぎません。また，ついでに言えば，「唯一的に同定する」という言葉の意味は，聞き手がある名詞の指示対象がどれであるのかわかっているということであり，名詞の複数形が用いられているときには，複数の存在を唯一的に同定していることになります。例えば，the pens という表現は，複数の対象全体をひとまとめにして同定した上で，指しうるものすべてを指しているということになります。

もう1つ注意しなければならない点は，this, my, some といった決定詞と呼ばれているものとの関係です。典型的には，単数

4・定冠詞と不定冠詞の使い分け

形の可算名詞の場合，定であることは the によって，不定であることは a ないしは an によって表示されると言ってよいでしょう。しかし，定であるということは，定冠詞以外にも上にあげた形容詞的用法の指示代名詞や人称代名詞の所有格などでも表すことができますし，また不定であることも，不定冠詞のほかに some などによって表現することが可能です。

(3) *The (= my) car* broke down again today.
　　(今日，(私の) 車がまた故障した)
(4) *Some man* at the door is asking to see you.
　　(ドアのところにいる人があなたに会いたいと言っています)

(3)の例は，状況さえ許せば，定冠詞の the を使っても，人称代名詞の my を使っても，基本的には，同一の「自動車」を指すことができるという点を示しています。他方，(4)の Some man の場合も，ニュアンスの差は生じるでしょうが，仮に A man で言い換えたとしても，不定であるという点ではまったく変わりはないでしょう。ただし，本書はいわゆる決定詞のすべてを扱うことを意図したものではなく，冠詞のしくみを探っていくことを主たる目的とするものですから，指示代名詞や人称代名詞あるいは some などの決定詞に関する考察は，以下における議論から割愛せざるをえません。この点については，ここであらかじめお断りしておきたいと思います。

▶指示の構造を探る

　さて，上述したように，定冠詞 the を使用することができるた

めには，聞き手と共有している知識を参照枠と見なして，問題となっている名詞の指示対象を聞き手が唯一的に同定していると話者が判断していることが大前提となります。しかし，そのためには，指示という行為が事前にあるいはほぼ同時になされている必要があるでしょう。そうであるならば，「the＋名詞」という形式によって表現されている対象は，多数の同じような候補の中から，いかにして際立った存在となっているのでしょうか。

この点に関しては，デンマークの文法家で冠詞の泰斗(たいと)である Paul Christophersen が，「ある名詞の指示対象が理解されるかどうかは聞き手がすでに獲得した知識とうまくつながるか，つまり連想の可能性にかかってはいるものの，そうした理解の基礎は様々な方法で作り出されるであろう」と述べています。the の用法が多岐にわたっているように感じられるのは，まさに定性を有していると仮定すべきかどうかを判断するための理解の基礎が非常に多様であるということに起因しているのです。もちろん，本書では，そうした様々な用法をできるかぎり広い範囲にわたって取り上げていくつもりです。しかし，the を用いて対象を指示するという行為がどのようにして成り立っているのかを見ていく前に，M. A. K. Halliday と Ruqaiya Hasan という2人の言語学者が提起している指示に関する分類を概観し，それによって the を使用する際の判断基準となりうる大まかな枠組みを設定しておきたいと思います。

言語の機能的な側面を重視する Halliday と Hasan は，次頁の図にも示したように，指示というものを外界照応 (exophora) とテクスト内照応 (endophora) の2つに大きく分類しています。外界照応というのは，次頁に示した(5)の the flowers のように，名詞によって指示された対象が外部世界である場面の中

4・定冠詞と不定冠詞の使い分け

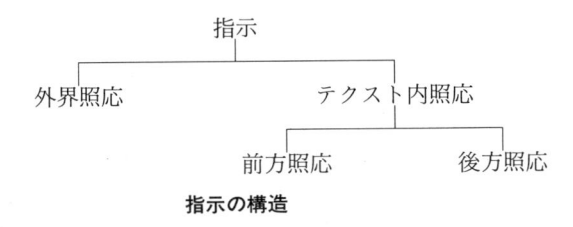

```
            指示
        ┌────┴────┐
     外界照応    テクスト内照応
              ┌────┴────┐
           前方照応      後方照応
```
指示の構造

に存在することを表すものです。

 (5) Look at *the flowers.*
  (その花を見てごらんなさい)

基本的に，外界照応は，場面を探せば必ず指示対象を発見できるはずだという前提の上に成り立っています。したがって，指示という言語行為は，例えば指などで指し示したり，視線を向けるといった非言語的 (non-verbal) な手段に訴えることが，どうしても必要なわけではありません。しかし，そうした助けが得られるならば，指示が成立する基盤はさらに強固なものとなることは言うまでもありません。

 他方，テクスト内照応というのは，問題となっている名詞がテクストという言語によって表現された文の集まりの中に含まれていることを意味するものです。別の言い方をすれば，前後関係あるいは文脈という言語的な支えを得ることによって，指示対象を唯一的に同定するという方法が採られる場合のことです（テクストという用語以外に，若干ニュアンスは異なるものの，談話 (discourse) という用語が使われることもありますが，本書ではテクストという用語を一貫して用いることにしたいと思います）。このテクスト内照応は，上に掲げた図にも示されているように，

どの位置にある語句を受けているのかによって，さらに前方照応（anaphora）と後方照応（cataphora）の2つに分けられます。前方照応とは，典型的には，次に示した(6)の The shirt や the shoes のように，先行するテクストの中に同じ名詞が既出となっている場合を言います。それに対して，後方照応の方は，例えば(7)の the top であれば，後続するテクストの中に現れた他の構成要素である of the building を事前に受けているようなケースを指します。

(6) I just bought a new shirt and some new shoes. *The shirt* was quite expensive, but *the shoes* weren't.
（私は新しいシャツと新しい靴を買った。シャツはかなり高かったが，靴はそうでもなかった）

(7) My office is at *the top* of the building.
（私のオフィスはその建物の一番上にある）

以下では，全体的な枠組みとして，Halliday と Hasan が示している指示の分類に依拠しながら，ある名詞が指示する対象を定性を有するものとして仮定すべきかどうか，すなわち the を使用すべきかどうかを判断する際の基準について，詳しく見ていくことにしましょう。

▶定冠詞 the の外界照応的用法

ここでは，外界照応的用法について見ていきますが，一口に外界照応と言っても，どのような場合に，この用法の the を使用することができるかは，必ずしも一義的に決定されるわけではありません。参照枠として機能する話者と聞き手との間の共有知識

4・定冠詞と不定冠詞の使い分け

を，どの程度の一般性あるいは普遍性を持ったものとして把握するかによって，定性に関わる判断基準は変わってくるからです。

この点を理解するに当たっては，イギリスの言語学者Geoffrey Leechが示したアプローチのしかたが非常に参考になるのではないかと思います。それは，定か不定かを決定する際に動員される知識自体を，下のように，共有している人たちの数あるいは集合の大きさによって分類しようというものです。

   I. 人類全体が共有している一般的知識
   II. 特定の共同体あるいは国民が共有している一般的知識
   III. ある特定の場面に当てはまる個人的・背景的知識

知識を共有している人の数が最も多いのがIの場合であり，問題となっている名詞の指示対象がいったいどれであるのかについて，すべての人が了解済みであると考えられているものです。それに対して，知識を共有している人の数が最も少ないのはIIIの場合で，基本的に話者と聞き手だけが共有している知識を意味します。また，IIは両者の中間に位置するもので，知識を共有している人の数は，多いこともあれば少ないこともあります。ただし，話者と聞き手とが共有している知識はけっして一定不変のものではないという点は，注意しなければなりません。コミュニケーションの進行に伴って，その中身が時々刻々と変化していく可能性があるという意味で，共有知識は極めて流動的・動態的な存在なのです。

▶人類全体が共有している一般的知識

ここで扱う知識は，話者と聞き手が共有している知識のうちで

最も一般性・普遍性が高く，すべての人にとって自明のものと考えられている種類の知識です。そのような共通の知識を参照することによって，ある名詞が指している対象を聞き手が唯一的に同定していると話者が判断を下したときには，定冠詞 the が使用されることになります。

(8) The moon goes round *the earth*.
　　（月は地球の周りを回っている）
(9) *The sun* is the center of our solar system.
　　（太陽は太陽系の中心である）

上例において，the earth および The sun は，それぞれ私たちが住んでいる「地球」と，その地球がぐるぐると回っている「太陽」を指しています。定冠詞が用いられているのは，人類全体が共有している一般的知識を参照することによって，聞き手はそれらを唯一的に同定しているはずだと話者が判断しているからです（ちなみに，このような特定の状況に依存しない the の用法は，時として，唯一的照応（homophora）と呼ばれることがあります）。

　しかし，人類全体にとって自明とは言えない対象を指示する場合には，定冠詞の使用は避けられます。次の 2 つの文を比較してみて下さい。

(10) *The moon* rises at 6:30 p.m. tonight.
　　（今晩，月は午後 6 時30分に昇る）
(11) Jupiter has at least *sixteen moons*.
　　（木星は少なくとも16個の月を有している）

4・定冠詞と不定冠詞の使い分け

(10)の The moon は，(8)の例と同様，私たちがいつも地球から肉眼で見ている「月」を指すものです。定冠詞が用いられているのは，すべての人々が太古の昔から持っている一般的知識を参照した結果，地球を周回している「衛星」すなわち「月」の存在を聞き手は唯一的に同定しているはずだと話者が考えているからです。それに対して，(11)の例は，日本語に直すと「月」ではなく「衛星」という別の表現になってしまうかもしれませんが，宇宙を見渡してみるならば，他にも英語でmoonと呼びうるものがかなり存在することを示しています。

次に掲げた例についても，人類全体が共有している知識に基づいて，the の使用が決定されていると考えることができます。

(12) She has sailed around *the world*.
　　（彼女は船で世界を一周した）
(13) There may be *other worlds* out there.
　　（あちらには別の世界があるかもしれない）

(12)において，world に the が付されているのは，「世界」とは私たちが生きている「この世界」を指しているのだということを聞き手はわかっている，つまり唯一的に同定していると話者が判断しているからです。こうした判断が，特定の発話状況に依存していないことは明らかでしょう。他方，(13)の例は，現時点において私たちが生きている「この世界」以外にも，world という同じ名詞によって表現しうる，私たちのまだ知らない「世界」がいくつか存在することを示すものです。定冠詞が使用されていないという点だけでなく，複数形をとっている点にも注意して下さい。

上で見た例は，指示している対象が異なっているために，the が使用されたりされなかったりしていました。ところが，これらの例とは違って，他にも「太陽」が存在することを前提としているわけではないにもかかわらず，つまり私たちが日頃多くの恩恵を受けている「太陽」を指しているにもかかわらず，sun という名詞に定冠詞が用いられていないケースがあります。

(14) *A pale, wintry sun* shone through the clouds.
　　（青白い冬の太陽が雲の間から輝いた）

上例において，不定冠詞が用いられているのは，話者が pale や wintry といった形容詞を用いて，sun の指示対象である「太陽」がとりうる様々な相のうちから1つの相を描き出そうとしているからです。つまり，この文は記述的な機能を果たすものであり，第2章で見た a kind / type of という有界性の判断基準にしたがって，ある特定の相を描き出すことに意味の重点が置かれているのです。

▶特定の共同体が共有している一般的知識
　話者と聞き手とが共有している知識の中には，すべての人が共有しているとは言いがたい一方で，個別具体的な場面に依存しているとも考えにくいものがあります。これは，最も普遍性の高い一般的知識と特定の発話状況の間にはさまれた連続体の中程に位置している知識であり，Leech は「特定の共同体あるいは国民が共有している一般的知識」と呼んでいます。Leech 自身は共同体 (community) という用語を使っていますが，その対象は話者たちが通っている学校や勤めている会社といった比較的小さな組織

4・定冠詞と不定冠詞の使い分け

であっても，また住んでいる町や市などの地域（あるいは民族・国家）といった比較的大きなものであっても構いません。

まずは，下に掲げた具体例から見ていくことにしましょう。

(15) Our house is opposite *the church*.
　　（私たちの家は教会の反対側にある）
(16) *The navy* is / are introducing a new class of warship this year.
　　（今年，海軍は新しい級の戦艦を導入する）

(15)の場合，おそらく話者が住んでいる地域では，church の指示対象がいったいどの「教会」のことであるのか，聞き手を含めた誰もがわかっているはずだという判断がなされているために，この名詞の前に the が用いられていると考えることができます。また，(16)についても，話者の国の「海軍」であるという唯一的な同定が聞き手によってなされているにちがいないという判断があるために，navy の前に定冠詞が用いられていると理解してよいでしょう（ただし，文脈によっては，他国の「海軍」を意味している可能性も残されています）。

このように，問題となっている名詞の指示対象が，特定の共同体の問題であるため，聞き手も指示対象を唯一的に同定しているにちがいないと話者が考えているときには，定冠詞が使用されることになります。さらに，次の2つの例を比較してみましょう。

(17) Please take these letters to *the post office*.
　　（これらの手紙を郵便局に持って行って下さい）
(18) You can pay your phone bill at *a post office*.

(電話料金は郵便局で支払うことができます)

(17)の場合, post office の前に定冠詞 the が用いられています。もし前の文脈で「郵便局」のことがまだ話題になっていないとすれば, 話者は地域の人たちが共有している知識を参照した結果, 指示対象である「郵便局」がどれであるのか聞き手もわかっており, 唯一的に同定しているはずだと考えた上で, 発話を行なっていると理解してよいでしょう。したがって,「いつも行くあの郵便局」ないしは「最寄りの郵便局」といった意味を表していることになります。それに対して, (18)の a post office は, 文全体の意味を考えてみればわかることですが,「どの郵便局でもよい」という任意性を表すものです。そのため, 話者は聞き手に指示対象を唯一的に同定することを求めたりせず, 不定冠詞を用いて「任意の郵便局」であることを表現しようとしています。

ただし, これらの文を解釈するときには, 少なくとも時間や空間といった変数を設定し, その上でそれらに適当な値を挿入しなければなりません。どういうことかと言うと, (15)および(17)の文は, いずれも動詞が現在時制であるため,「いつ」という時間の変数はすでに設定されていますが,「どこで」という空間に関わる変数の値がきちんと割り当てられなければ, 指示対象がいったいどれであるのかを決定することができないということです。もっとも, 話者と聞き手とが属している (あるいは, 何らかの関係を持っている) 共同体が共有している一般的知識が参照枠として機能しているのであれば, 当該の共同体自身が場所に関わる変数の値になります。

少し抽象的な説明になってしまったかもしれませんので, 1つだけ具体例を示しましょう (ここでは, 話者と聞き手をアメリカ

4・定冠詞と不定冠詞の使い分け

人と仮定し，president を「大統領」の意味で解釈しておきます）。

(19) *The president* gave her approval for the interview.
(大統領は彼女にインタビューの許可を与えた)

この例において，president という名詞の前に唯一的に同定していることを示す定冠詞の The が用いられているのは，例えば「昨日」，「アメリカ」といった具合に，時間と空間という変数の値がきちんと与えられているからです。もちろん，その場合には，アメリカ国民によって共有されている一般的知識を参照することで，president という表現の指示対象を聞き手は知っているにちがいないという判断が話者の側にあることになります。

▶ある特定の場面に当てはまる個人的・背景的知識

指示対象を聞き手が唯一的に同定しているかどうかを話者が判断するための参照枠として，これまで人類や共同体が共有している一般的知識について見てきましたが，家の中とか教室といった非常に限定された特定の場面に基礎を置いている知識も，そうした参照枠として機能することができます。そして，この狭い範囲の知識を参照した結果，問題となっている名詞の指示対象を聞き手が唯一的に同定しているにちがいないと話者が判断したときには，やはり定冠詞が用いられます。

(20) Don't forget to turn down *the gas* after half an hour.
(30分たったらガス（の火）を弱めるのを忘れないでね)
(21) Can you help me carry these dishes into *the kitchen*?

(お皿を台所に運ぶのを手伝ってくれませんか)

(20)の文で，gas の前に定冠詞 the が用いられているのは，場面からどの「ガス（の火）」を指しているのか聞き手は理解しているはずだと話者が判断しているからであり，けっして「任意のガス（の火）」を意味しているわけではありません。(21)の場合も，やはり場面からどの「台所」を指しているのか聞き手は理解しているにちがいないという判断が話者の側にあるために，kitchen という名詞に the が付けられています。

次に掲げた2つの文は，ある特定の発話状況に基礎を置く限定された知識が参照枠となっている例です。定冠詞を使用すべきかどうかは，やはりそのような知識に基づいて，聞き手が指示対象を唯一的に同定していると話者が考えているかどうかによって決定されています。

(22) Please pass *the salt*.
    (塩を取って下さい)
(23) Simmer the soup for 15 minutes and add *salt* to taste.
    (スープを15分間とろ火で煮て，好みに応じて塩を加えて下さい)

(22)の場合，もし salt が初めて話題になったにもかかわらず，the が使用されているのであれば，それは発話の時点で話者と聞き手とが共有している特定の場面において，問題の「塩」を聞き手が唯一的に同定しているはずだと話者が判断しているからです。他方，(23)の salt はただ単に「塩」という物質を表しているだけで，「その塩」と言えるほど限定の強い存在を指している

4・定冠詞と不定冠詞の使い分け

わけではありません。the の使用が避けられているのは，(22)の例に見られるような限定が完全に欠如しているためです。

ちなみに，このような the が使えるかどうかということ，つまり定性を判断するための手段として，in their own sphere といったような場面を限定する機能を果たす句を付け加えることができるかどうかを調べてみる方法があります。もちろん，the が使えるということは，上のような句を付け加えることができるということを意味します。ただし，この種の the は，そうした句をわざわざ付け足すことが余計な行為であると感じられるほど場面の支えが強力であるために用いられているものですから，実際には付ける必要はまったくありません。

また，指示している可能性のある対象が場面に1つしかないことが明らかなときには，その対象を聞き手が唯一的に同定することは比較的簡単であると言えます。しかし，話者と聞き手とが居合わせている場面に，指示対象の候補となりうるものが複数存在するような場合はどうなるのでしょうか。

(24) Go to *the blackboard*.
　　（黒板のところに行きなさい）
(25) Would you mind if I closed *the window*?
　　（窓を閉めても構いませんか）
(26) Close *the windows*.
　　（窓を閉めて下さい）

(24)における the blackboard は，話者と聞き手が現在いる教室の「黒板」を指していると考えられますが，教室によっては「黒板」が2つ以上あるかもしれません。そのような場合には，指示

対象としての「黒板」を聞き手である生徒たちが唯一的に同定しやすくするために，言い換えれば，発話が成立する基盤をより強固なものとするために，指さしや視線を向けるといった非言語的行為を伴う場合があるかもしれません。しかし，いつも板書に使っている「黒板」を指しているなど，場面や習慣による支えが強力であり，指示対象である「黒板」がどれであるのか聞き手は絶対に誤解するはずがないと話者が判断しているときには，上記のような非言語的な行為を伴わなくても，こうした the を用いることができます。

(25)については，たとえ「窓」が複数あったとしても，the を伴った window は「閉める」という行為を表す動詞の目的語になっているため，「開いている窓」だけを指していることになり，唯一的な同定は十分に可能だと言えるでしょう。これに対して，(26)の the windows という複数形の場合，前述したように，the 自体が指しうるものすべてを指すという包括的な意味を表す文法標識であるため，「開いている窓」をすべて指示していることになります。基本的には，発話状況の中で得られる情報と発話された文が伝える情報とをうまく組み合わせることによって，聞き手は指示対象を唯一的に同定することができると考えられています。

ところで，歴史的に言えば，定冠詞 the は現在の that に相当する古期英語（1100年頃までの英語）から派生したものであり，外部世界である場面を指示しているという意味では，ここで扱っている外界照応はいわゆるテクスト内照応と比べると，より根源的な用法であると言えます。確かに，機能語化し文法関係を表示する標識へと変貌を遂げていく過程で，遠近という意味での位置関係を示す力は失われてしまいましたが，場面への指示力は依然

4・定冠詞と不定冠詞の使い分け

として強く残っています。

(27) Don't go in there, chum. *The dog* will bite you.
(おい，中に入ったらだめだぞ。その犬は嚙むからな)

(28) Don't go in there, chum. *This / That dog* will bite you.
(おい，中に入ったらだめだぞ。この / あの犬は嚙むからな)

話者と聞き手の視界に指示対象である「犬」が実際に存在する可視的（visible）な場面であれば，(27)も(28)もともに適切な文と見なされます。もちろん，形容詞的用法の指示代名詞 This や That が用いられている(28)の方が，The が用いられている(27)よりも，遠近による位置関係が非常に強く表現されていることは言うまでもありません。しかし，その一方で，(28)のような指示形容詞を用いた形は，指示対象である犬が視界の中に入っていない場合には，正しい文として容認されないという制約が存在します。定冠詞 the は that から歴史的な発展を遂げて誕生したものですが，現代英語では，この可視性を基準にした棲み分けが，両者の間でなされています。

ついでながら，下の例は訪問者に対する注意としてよく門などに掲げられているもので，近接の場面に指示対象である「犬」がいることを警告しています。

(29) Beware of *the dog*!
(犬に注意！)

近接の場面ですから，状況によっては（例えば，門や塀が高いな

ど)，この掲示を読んだ人には指示対象である「犬」の姿が見えないということが起こりえます。しかし，たとえ姿は見えなくても，臭いであるとか吠えている声などを手掛かりに近接の場面を探すことによって，指示対象を必ず唯一的に同定できるはずであるという判断がこの掲示を書いた人の側にあるならば，the を用いることは許されます。すぐ上で述べたように，this や that とは異なり，the は可視的な場面に存在しない対象を指示する際にも使用できるからです。

▶唯一的に同定可能であっても the が使われないケース

以上のように，具体的な場面において，聞き手も指示対象を唯一的に同定しているにちがいないと考えられるときには，原則として，定冠詞の the を使用する必要があります。その際には，聞き手との間で共有している知識を尊重することが，コミュニケーションを円滑に進めていく上で非常に大切になってきます。もしこれを怠り，聞き手の知識の状態を無視して話を続けていこうとするならば，何を指しているのかわからないという問い返しを聞き手から受けることになりかねません。

(30) A: Let's sit and wait for *the children*.
B: What children?
(座って子供たちを待ちましょう。どういう子供たちですか)

上例では，聞き手との間で共有している知識を尊重することなく，定冠詞 the を用いてしまったために，「どういう子供たち」を指しているのか聞き返されています。

4・定冠詞と不定冠詞の使い分け

ただし，困ったことに，聞き手にとって唯一的に同定可能だからと言って，つねに the を使用しなければならないというわけでもありません。

(31) I've got *a bad cold.*
　　（ひどい風邪を引いてしまった）
(32) You've got *a terrible cold.*
　　（ひどい風邪を引いてしまったのですね）

(31)において，不定冠詞 a が用いられているのは，話者が「ひどい風邪を引いている」ことを聞き手に新情報（new information）として伝えようとしているためであり，その「風邪」の存在を聞き手はまだ唯一的に同定していないはずだという判断の上に立っています。

それに対して，(32)の場合，主語が1人称の代名詞 I ではなく2人称の You であることから，明らかに聞き手のことを話題にしています。したがって，少なくともこの場合，どの「風邪」を指しているのかわからないなどということは，常識的に言ってありえません。しかし，それにもかかわらず，定冠詞ではなく，a terrible cold といった具合に不定冠詞が用いられています。こうしたことが許されるのは，この文において「風邪」の存在を聞き手が唯一的に同定しているかどうかを問題としているのではなく，「ひどい風邪を引いている」ということを記述的に描写し，新たな話題として取り上げているからです。

本書では，定性という概念を，聞き手が指示対象を唯一的に同定しているにちがいないと話者が判断しているかどうかを表すものと考えています。しかしながら，指示対象の存在自体が聞き手

にとって唯一的に同定可能である，あるいは同定しやすいかどうかということは，定冠詞を使用する際の必要条件ではあるかもしれませんが，十分条件にはなっていません。たとえ唯一的に同定可能であっても，事物や出来事を記述的に描写し，新たな話題として聞き手に伝えようとしているときには，the の使用が避けられます。この点については，学習者向けの文法書などで触れられることがほとんどありませんので，少し注意が必要です。

▶定冠詞 the の前方照応的用法

　定性の問題を議論するに当たって，本書が依拠している Halliday と Hasan の枠組みによれば，指示は外界照応とテクスト内照応とに大きく2つに分類されていました（115頁の図をもう一度参照して下さい）。外界照応というのは，テクストの外部にある世界，すなわち言語が使用されている場面自体に，指示対象が存在することを意味するものでした。それに対して，テクスト内照応は，問題となっている名詞がテクストという言語によって表現された内容の中に含まれていることを意味するもので，聞き手は前後関係あるいは文脈という支えを借りることによって，指示対象を唯一的に同定しているにちがいないと話者が判断している場合を言います。テクスト内照応は，どの位置にある語句を受けているかによって，さらに前方照応と後方照応とに分類することができます。一般的には，前方照応は先行するテクストの中に当該の名詞がすでに存在している場合を，他方，後方照応は後続するテクストの中に現れる語句を前もって受けている場合を意味しています。

　ここでは，まず the の前方照応的用法について，詳しく説明していくことにしましょう。テクスト内照応の1つである前方照応

4・定冠詞と不定冠詞の使い分け

も，すでに見た外界照応の場合と同様，さらに細かく下位分類することが可能です。

　　Ｉ．　同一語による前方照応
　　Ⅱ．　同義語による前方照応
　　Ⅲ．　連想による前方照応

Ｉのタイプは，1つのまとまりを持ったテクストの中で，先行する名詞とまったく同一の名詞を用いて再度言及するときに the が用いられるケースであり，本書ではこれを「同一語による前方照応」と呼びたいと思います。同じ語によって同一指示 (co-reference) が図られているという意味で，極めて直接的な照応関係を表すものと言ってよいでしょう。Ⅱのタイプは，先行する名詞と語彙的に異なってはいますが，同じような意味を表す名詞を用いて再度言及するときに the が用いられる場合で，「同一語による前方照応」と区別して，「同義語による前方照応」と呼ぶことにします。ただし，直接照応による同一指示が図られているという点では，Ｉのタイプと同様の機能を果たすものです。Ⅲのタイプは，語彙的に密接な関係を持っている2つの名詞が，何らかの連想を通して結合したために，the が使われている場合で，ここでは「連想による前方照応」と呼ぶことにしましょう（最近の言語学では，橋渡し (bridging) という用語がよく使われています）。このタイプは，前二者とは異なり，同一指示が図られていないという意味で，間接照応的です。

▶同一語による前方照応

　可算名詞によって表現される1以下の有界的な存在を，初めて

話題として取り上げるときには，初出であることを示す不定冠詞がしばしば用いられます。この不定冠詞は，原則として，話者と聞き手とが共有している知識を参照した結果，聞き手は指示対象を唯一的に同定していないと話者が判断していることを示すものです。

しかし，後続するテクストの中で，多少の修飾語句が失われる（あるいは，そうした語句が付加される）ことはありますが，同一の対象を同一の名詞を用いて再度言及しようというときには，the が使用されます。これは，1つのまとまりを持ったテクスト内に収まっているかぎり，問題となっている指示対象がいったいどれであるのか聞き手はすでにわかっているはずだという判断が話者の側にあるからです。下に掲げた(33)および(34)は，そのような同一語による直接的な前方照応を示す典型的な事例です。

(33) A boy and a girl were sitting on a bench. *The boy* was smiling but *the girl* looked angry.
（男の子と女の子がベンチに座っていた。男の子は微笑んでいたが，女の子は怒っているようだった）

(34) She is in an art class. Kenji is in *the class*, too.
（彼女は美術の授業に出ています。ケンジも同じ授業に出ています）

(33)の例では，The boy と the girl は A boy と a girl を，また(34)の場合，修飾語が落ちていますが，the class は an art class を直接受けており，同一の名詞による2度目の言及であるということが，定冠詞 the によって示されています。このような照応が可能なのは，繰り返しを恐れずに言えば，話者自身が導入した先

4・定冠詞と不定冠詞の使い分け

行文によって、聞き手の側は指示対象の存在をすでに知識として獲得したはずだと判断することのできる基盤が成立しているからです。別の言い方をすれば、テクストのような意味的にまとまりのある文の集合において、文と文との間に見られる文法的・語彙的なつながりを意味する結束性 (cohesion) が、先行する名詞と後の名詞との間で保持されているからです。同一語による前方照応の the は、そうした結束性を示す代表的な文法標識なのです。

同じ名詞に対して2度目の言及を行なったときに the が使われるのは、このような結束性が存在しているからですが、もし the が用いられなかったならば、前に出てきた名詞とのつながり、すなわち結束性が損なわれてしまうため、まったく別の対象を指すことになります。

(35) John's mother works in a store. His father works in *a store* too.
 (ジョンの母は店で働いている。彼の父も店で働いている)

上例では、store という名詞が2度使われていますが、後の文の store には the ではなく a が用いられています。そのため、前の文に現れた store との関係が断ち切られてしまい、同一指示が保証されなくなっています。したがって、この例の場合、「ジョンの母親と父親は店で働いている」ことは間違いありませんが、それぞれ違う店で働いていることを意味するものとして解釈しなければなりません。(34)において、She と Kenji が同じ「美術の授業」に出席していることを表していたケースと比べてみると、その違いがよりはっきりとするでしょう。

▶同義語による前方照応

　上で見た同一語による前方照応は，1つのテクスト内において，同一の対象をまったく同一の名詞を用いて再度言及するというケースでした。多少の修飾語句が失われる（あるいは，そうした語句が付加される）ことはあっても，先行する名詞と語彙的に同一のものが繰り返し使われています。これに対して，明らかに同一の対象を指示しているにもかかわらず，先行する名詞と語彙的に異なる名詞によって前方照応が図られ，the が使用されている事例も意外と多く見られます。例えば，下に掲げた(36)では，先行する複数形の名詞 trousers とは語彙的に異なる pants という名詞が，前方照応的用法の定冠詞 the を伴いながら用いられています。

(36) Fred was wearing trousers. *The pants* had a big patch on them.
　　（フレッドはズボンを身につけていた。そのズボンには大きなつぎがあてられていた）

このような形での前方照応が可能なのは，まったく同じ名詞による繰り返しではないものの，日本語で「ズボン」を意味する同義語が使用されているため，語彙的な結束性が十分に保たれているからです。

　ただし，こうした同義語による前方照応は，狭い意味での同義語に基づくものだけにかぎられているわけではありません。語彙的な結束性が保たれているかぎり，先行する名詞が指している対象は，同義語とは呼びがたいような名詞を用いることでも，同一指示を図ることが可能です。

4・定冠詞と不定冠詞の使い分け

(37) Bill was working at a lathe the other day. All of a sudden *the machine* stopped turning.
(先日，ビルは旋盤で仕事をしていた。突然，その機械は回転しなくなった)

(38) Peter took a cello from the case. *The instrument* was originally played by his great-grandfather.
(ピーターはケースからチェロを取り出した。その楽器は，元々彼の曽祖父が演奏していたものであった)

これらの例の場合，先行する文ではそれぞれ lathe と cello いう名詞が使われていますが，後続する文では定冠詞付きの machine および instrument によって置き換えられています。machine ならびに instrument という名詞が，lathe や cello よりも一般性を持った語すなわち上位語 (hypernym) であり，両者の間には，意味の面での上下関係ないしは包摂関係が見られるという点で，(36)の同義語の事例とはやや異なっています。こうした事例はいくぶん特異なケースではあるかもしれませんが，意味的なつながりが保たれているかぎり，定冠詞による前方照応を図ることができるという点を考えると，やはり同義語による前方照応の中に含めて論じることができるのではないかと思います。ちなみに，このような形で先行する名詞を受けることが可能な一般性の高い名詞としては，さらに thing や place, person, animal などをあげることができるでしょう。

英語で書かれたものを読んでいると，先行する名詞と語彙的に異なる名詞（同義語や上位語）によって前方照応が図られている例をしばしば目にします。もちろん，これは言い換えという形で現れてくるわけですが，こうした現象が生じやすいのは，何か特

別な理由があってのことなのでしょうか。その答えの1つとして，英語自体が同一の語の繰り返しを嫌う性格を有しているからだということがよく言われています。確かに，結束性が保たれているかぎり，できるだけ別の語を用いて言い換えを進めていった方が，文章にある種の表情が出てくるかもしれません。英語の文化においては，単調さを避けるために，こうした言い換えが望ましいとされています。逆に日本語では，そのような言い換えを積極的に行なうことはどうも好まれないようです。事実，(37)と(38)の文の日本語訳はあえて直訳風にしてみましたが，あまり自然な表現にはなっていません。

▶連想による前方照応

　先行する文に出てきた名詞が引き金となって連想が働き，意味的に密接なつながりがあると認められるもう1つの名詞との間で照応が図られる場合にも，換言すれば，連想によって強い関連性を認めることのできる指示対象を話題として取り上げる場合にも，前方照応的用法の定冠詞 the が使用されます。まずは，具体例を見てみましょう。

(39) I had to get a taxi from the station. On the way *the driver* told me there was a bus strike.
(私は駅からタクシーに乗らなければならなかった。その途中で，バスがストライキ中であることを運転手は教えてくれた)

(40) The mother teaches English at a Japanese school. She also helps *the English teachers*.
(母親は日本の学校で英語を教えています。彼女は英語

4・定冠詞と不定冠詞の使い分け

の教師たちの手助けもしています)

(39)の例では，a taxi と the driver との間に，連想を通して容易に想像のつく関係，あるいは切っても切れないような関係が存在するために，間接的な照応が成り立っています。(40)の場合も，the English teachers は，初めて話題にされたものであるにもかかわらず，定冠詞が用いられています。これは，先行する a Japanese school が連想を生み出す引き金となり，間接的な照応が働いた結果です。

連想を通しての前方照応が許されるためには，話者と聞き手の双方にとってかなり馴染みのある関係が事前に成立している必要があります。少なくとも，連想による類推が容易に働くような状況が存在しなければならないでしょう。そうでなければ，連想が働く基盤自体が欠落することになってしまい，こうした照応を図ることは不可能だからです。

連想による前方照応という文法的関係は，一般的には，先行詞の指示対象に対して照応表現の指示対象が「全体－部分」という関係にあるような場合にしばしば観察されます。次頁に掲げた図は，a book を引き金として連想が働く様子を，Roger Berry がわかりやすく図示したものです。連想の方向は，極めて雑多なように見受けられますが，連想が働く基盤はすでに馴染みのあるものばかりなので，それぞれの関係はどれも問題なく理解できるのではないでしょうか。このような連想が働くのは，少し難しい言い方になりますが，ある事物や出来事を経験したときに得られた状況の流れやそれらに関わる様々な要素を，フレームという有機的な関連を持った知識の集合として保持し，そのフレームに基づいて新たな事態をとらえようとする認知能力が私たちに備わって

```
THE PAGES   THE PLOT   THE AUTHOR   THE LANGUAGE   THE CHAPTERS
THE STYLE                                                THE PRICE
THE TITLE              ( topic=a book )                  THE COVER
THE INDEX                                                THE PRINT
THE PUBLISHER  THE PREVIEWS   THE EXERCISES   THE INTRODUCTION
```

連想による前方照応の関係

いるからです。

　なお,連想による前方照応は,2つの文にまたがって成立することが多いと言えますが,1つの文の中にある言語要素間で成立する場合もあります。

(41) She extended an arm, *the hand* full of grapes.
　　（彼女は腕を伸ばした。手はぶどうで一杯だった）

この例の場合,an arm を引き金として the hand が用いられているわけですが,「腕」の延長線上には「手」が存在するというまさに切っても切れない強い関係が存在するために,連想を通して前方照応が働き,定冠詞が使用されています。

▶その他の前方照応

　今まで扱ってきた前方照応の事例は,原則として,名詞と名詞の間に見られる結束性に基づくものでした。実際,前方照応と言った場合,名詞対名詞の関係を表すのが最も一般的です。しかし,次頁に掲げた例のように,名詞以外の語との間で照応関係が生じることもあります。

4・定冠詞と不定冠詞の使い分け

(42) Mary travelled to Munich. *The journey* was long and tiring.
(メアリーはミュンヘンへと旅をした。その旅は長く退屈なものであった)

(43) Mary travelled to Munich. *The flight* was long and tiring.
(メアリーはミュンヘンへと旅をした。フライトは長く退屈なものであった)

(44) Mary dressed the baby. *The clothes* were made of cotton.
(メアリーは赤ちゃんに服を着せた。その服は綿製だった)

(42)は，travelled という動詞に意味的に対応する名詞 journey が the を伴って現れている例で，同義語的な関係にあると言ってよいでしょう。(43)の travelled と flight の場合，飛行機に乗るという行為は旅の一部を構成するもの，すなわち「全体-部分」という関係にあるものとしてとらえられています。他方，(44)の例は，先行する部分の表している内容の中に必然的に含まれてはいるものの，言語的に明示されなかった要素（この場合であれば，dress という動詞が表象している行為の構成要素である clothes）を，後に現れた表現の中ではっきりと示そうとしているケースです。日本語では「服を着せる」としか言いようがありませんが，英語の前半部分では，「服」に相当する語が使われていない点に注意して下さい。

また，次に示した例のように，先行する文の内容全体を一言で要約するという機能を果たしている名詞にも，この種の定冠詞が

用いられます。

> (45) Someone suggested a weekly get-together with our families included. Everyone liked *the idea.*
> (私たちの家族も含めて毎週会うことを誰かが提案した。皆，その考えが気に入った)

上例では，前の文で表現された具体的な内容を，the idea という表現が引き継ぐ形で，間接照応が図られています。この要約するという機能を果たす間接照応においてしばしば用いられる表現としては，さらに the above, the picture, the plan などをあげることができるでしょう。

　ところで，いくぶん話がそれてしまうかもしれませんが，小説などの冒頭で，初出の事物や人を意味する名詞であるにもかかわらず，いきなり定冠詞を伴った形で導入されているケースを見かけます。例えば，下に掲げた文章において，the big spaceship と the little orange men は，どちらも初めて登場するものですが，それにもかかわらず定冠詞が用いられています。

> (46) No one saw *the big spaceship* over the Browns' house. No one saw *the little orange men*. Only Pete saw them.
> (ブラウン家の上にその大きな宇宙船がいるのを見た者は誰もいなかった。その小さなオレンジ色の男たちを見た者は誰もいなかった。ピートだけが見たのであった)

この文章は冒頭の部分であるため，少なくともここだけを読んだかぎりでは，the big spaceship や the little orange men がいっ

4・定冠詞と不定冠詞の使い分け

たい何をあるいは誰を指しているのか、読み手にはまったくわからないはずです。したがって、ある名詞が表している対象を聞き手は唯一的に同定していると話者が考えているときには、the が使用されるという定冠詞に関わる基本原則に、これを書いた作者は違反していることになります。

しかし、基本原則から外れてはいるものの、その一方で、まったくの誤りとして排除するほどのものではないと感じられるのはどうしてなのでしょうか。これは、包括的な意味を表す定冠詞 the には、それだけしかないと見せかける機能が元々備わっているからであると言ってよいでしょう。定冠詞 the は聞き手が指示対象を唯一的に同定しているはずだと話者が判断していることを示す文法標識であるため、そうした機能を帯びた the が何らの先行表現なしにいきなり現れたときには、読み手は作者と共謀して、その指示対象（上記の例であれば、the big spaceship と the little orange men の指示対象）がいったいどれであるのか、あたかも初めからわかっているかのごとくふるまわなければならないのです。そして、このような形で作者との共謀をはかることによって、読み手は物語の中に一気に引き込まれていくことになります（こうした現象を、Oliver Grannis は「唯一性に関する共謀」(conspiracy of uniqueness) と呼んでいます）。この種の the は、いわば先行する名詞が存在しないという意味では、前方照応として分類することは必ずしも適切ではないかもしれません。しかし、読み手が指示対象を唯一的に同定しているかのような前提に立っているという意味では、こうした the の使い方には、前方照応と共通する性質があると言ってよいでしょう。

▶定冠詞 the の後方照応的用法

これまでは，外界照応とテクスト内照応の1つである前方照応について見てきましたが，以下では the の最後の用法として，後方照応の問題を検討していきたいと思います。一般に，the の後方照応的用法と言った場合，後続するテクストの中に現れた語句を前もって受けることを意味します。逆に言えば，後に現れる要素を支えとすることによって，聞き手が指示対象を唯一的に同定するに至るはずであるという判断が話者の側にあるときに，後方照応的用法の the が用いられることになります。

この後方照応に関しても，外界照応や前方照応における場合と同様，ある程度細かく分類することがひょっとしたら可能かもしれません。しかし，後方照応的用法の the は，名詞が何らかの語句や節の修飾を形容詞的に受けることによって生じるものですから，本書では，どのような形で修飾がなされたときに the が用いられることになるのかという視点から議論を進めていきたいと思います。

▶唯一的形容詞と定冠詞 the

最初に，形容詞と定冠詞の関係について見ていくことにしましょう。一口に形容詞と言っても，多種多様なものが存在しますが，the を付けるべきかどうかという選択に形容詞が直接関わることはほとんどないように思われます。なぜなら，大部分の形容詞は，聞き手が指示対象を唯一的に同定しているにちがいないと話者が判断できるほど強く限定するものではないからです。

しかし，same や usual, only などのように唯一的形容詞 (unique adjective) と呼ばれている語を伴った場合には，通例，後方照応的用法の the を用いなければならないと考えられていま

4・定冠詞と不定冠詞の使い分け

す。その理由はと言えば、上に示した類の形容詞が表している意味自体が、聞き手は指示対象がどれであるのかわかっており、唯一的に同定しているはずだという判断が話者の側にあることを積極的に示すものだからです。まずは、same を例として取り上げ、similar という形容詞と比較してみましょう。

(47)＊The two Indians spoke *a same language.*
(48) The two Indians spoke *the same language.*
 （その２人のインド人は同じ言語を話した）
(49) The two Indians spoke *a similar language.*
(50)＊The two Indians spoke *the similar language.*
 （その２人のインド人は同じような言語を話した）

上の２組の例で、唯一的形容詞 same を伴った場合、the が使用されている方は文法的な文として判断されていますが、a が用いられている方は非文法的な文と見なされています。それに対して、similar を伴った例では、same の場合とはちょうど反対に、the ではなく a が用いられている方が文法的な文として判断されています。こうした現象が生じているのは、same が「まったく同一の」というそれ以外に指しうるものはないといった包括的な意味を明確に表す形容詞であるのに対して、similar の方は「同じような」という意味を表し、他にも指しうるものが存在することを示唆する形容詞だからです。こうした意味的な特性の違いのために、same を修飾語として用いた場合には、話者は聞き手に対して指示対象の唯一的な同定を求めなければなりませんが、similar を用いた場合には、逆に話者は聞き手に対してそういった唯一的な同定を求めることができなくなります。

same という形容詞がつねに後方照応的用法の the を伴うという点については，すぐ上で見たように，他に指しうるものがないという包括的な意味を表しているからということで，一応の処理は可能です。しかし，これとは別の説明のしかたが可能なケースもあります。

(51) He took it off the top shelf and put it back in *the same place*.
（彼はそれを一番上の棚から取って，同じ場所に戻した）

上例において，the same place は明らかに先行する定名詞句 the top shelf と同一の対象を指しています。ということは，形容詞の same とともに現れた the は，後方照応的用法の定冠詞として機能しているだけでなく，すでに聞き手が唯一的に同定している対象について再度言及するために用いられる前方照応的用法の定冠詞としても機能していることになります。same 以外にも，すでに聞き手にとって馴染みのあることを表す customary, expected, usual といった形容詞はつねに the を伴って使用されますが，こうした the は後方照応的であると同時に前方照応的でもあると言ってよいでしょう。

　ただし，same が使われているときには，必ず同一の対象を指示していなければならないというわけではありません。確かに，(48)の the same language は，例えばヒンディー語ならヒンディー語という同一の対象を指示するものであり，また(51)における the same place は元にあった場所を意味していることから，同一の対象を指示するものです。しかし，次に掲げた例のように，そうした考え方ではうまく説明することのできないケースもあり

4・定冠詞と不定冠詞の使い分け

ます。

> (52) My sister and I have got *the same nose, the same hair* and *the same tastes* in clothes.
> (私は姉と鼻, 髪, 服の好みが同じだ)

上例の場合,「私の姉と私が同じ1つの鼻や髪の毛などを共有している」などというとんでもない意味を表すものではありません。the same nose の例であれば, 単に2人の「鼻」が形や色, 質などの種類の点で異なってはいないということが, やや誇張されて表現されているにすぎません。

このことは, 言語表現は必ずしも現実をそのままの形で単純に映し出したものではなく, 指示とは言っても, 必ずしも同一の対象を指しているわけではないということを示唆しています。例えば, identical という形容詞は same と similar の双方の意味を表すことができるものですが, 次に示したように, 話者の意図している意味に応じて定冠詞を使うべきかどうかが決められています。

> (53) This is *the identical room* we stayed in last year.
> (これは去年私たちが泊まったのと同じ部屋だ)
> (54) They're wearing *identical clothes*.
> (彼らは同じような服を着ている)

(53)の例では, identical が same の意味で用いられているために, 定冠詞 the を伴っています。しかしながら, similar の意味で用いられている(54)の identical と(52)の same を比べたとき,

現実問題として，両者の間にそれほど大きな意味の差は感じられないのではないでしょうか。とするならば，これは事実の問題というよりは，話者がどのように現実を認識しているのかということ，つまり認知のあり方の違いとして理解した方がよいように思われます。

　唯一的形容詞のもう1つの例として，今度は only について考えてみたいと思います。only は，それが表している意味内容からしても，same と並んで絶対に取り上げられるべき形容詞です。ただし，一般に唯一的形容詞として分類されてはいますが，same の場合とは異なり，only が用いられているからと言って，つねに定冠詞 the を用いなければならないというわけではありません。表している意味によっては不定冠詞をとることが可能だという点に，気をつける必要があります。

(55) Since Bobby is *the only child*, his parents spoil him.
　　（ボビーは一人っ子なので，両親は彼を甘やかしている）
(56) Since Bobby is *an only child*, he totally lacks perseverance.
　　（ボビーは一人っ子なので，忍耐力をまったく欠いている）

(55)の文で用いられている only は，「唯一の」という本来の意味を表す形容詞であり，両親にとって「唯一の子供」であるということは「一人っ子」であることを自動的に意味します。「唯一の」という意味を表すときには，この例のように後方照応的用法の the が用いられるという点に関しては，とくに異論のないところです。

4・定冠詞と不定冠詞の使い分け

　これに対して，(56)における only は，それ自身が「兄弟のいない」すなわち「一人っ子の」という意味を表しています。やや不自然な日本語ではありますが，あえて直訳してみるならば，「一人っ子の子供」といった具合になるでしょう。(56)の文で注目すべきは，only という形容詞を伴っているにもかかわらず，定冠詞 the が付されていないという点です。この例で不定冠詞 an が用いられているのは，only 自体が「一人っ子の」という意味を表しているためであり，an only child は対象を唯一的に指示するものではなく，単なる記述的な表現にすぎません。実際，「一人っ子の子供」というのは，下の例が示しているように，数えきれないほど多く存在します。

(57) As the birth rate falls, increasing numbers of children are *only children.*
（出生率が下がるにつれて，一人っ子の数が増えている）

さらに興味深いことには，only という形容詞を連続的に使うことによって，「唯一の」という意味と「一人っ子の」という意味の両方を1つの名詞句の中に組み込んだ形で文を作ることが可能です。

(58) Bobby is *the only only child* in the class.
（ボビーはクラスで唯一の一人っ子だ）

この例において，最初の only は「唯一の」という意味を，次の only は「一人っ子の」という意味を表しています。同じ only であっても，「唯一の」という意味を表している場合と，「一人っ子

の」という意味を表している場合とがあり、しかも両者は同時に使用することが可能なわけですから、この2つの意味はきちんと区別する必要があります。

▶序数詞と定冠詞 the

　続いて、first や second といった序数詞と定冠詞の関係について、簡単に検討しておきましょう。序数詞は、一般に「何番目の」というすでに確定した順序を表すものであることから、話者の側には聞き手が指示対象を唯一的に同定していると判断するのに十分な根拠があると考えられています。そのため、序数詞を名詞とともに用いた場合は、下に掲げた例のように、通常、後方照応的用法の the を伴うとされています。

(59) This is *the first time* I've been to New York.
　　（ニューヨークに行ったのはこれが初めてだ）
(60) This is only *the second time* I've been to Germany.
　　（ドイツに行ったのはこれが2度目にすぎない）

上記の例は、それぞれ「初めて」、「2度目」というすでに確定した順序を意味するものであるために、the が用いられていると理解してよいでしょう。教科書や手元の辞書で the の用法について調べてみると、確かに「序数詞の前で」といった項目がたいてい設けられています。しかし、序数詞を用いたときには、後方照応的用法の the を必ず付けなければならないという規則が存在するわけではありません。the を使用することが可能なのは、出来事の順序が既定の事実となっており、なおかつそれをはっきりと確定できると話者が考えている場合のみです。次の2つの文を比較

4・定冠詞と不定冠詞の使い分け

して下さい。

(61) Tom is *the second son* —— he has an elder brother.
（トムは次男であり，兄がいる）

(62) My wife and I decided not to have *a second child*.
（妻と私は2人目の子供を作らないことに決めた）

(61)の例から見ていくと，second の前に定冠詞が用いられているのは，「トム」を「2番目の息子」すなわち「次男」として唯一的に同定することを話者が聞き手に求めているからです。その意味では，(55)で見た the only child の事例によく似ています。もちろん，「一人っ子」の場合と同様，「次男」もこの世には数え切れないほど存在しますが，この文は単に「トムは次男だ」ということを記述しているのではなく，ある家族における「次男」を唯一的に同定することを聞き手に求めているのです。それとは対照的に，(62)の例では，second の前に不定冠詞 a が用いられています。これは，「子供をもう1人作らない」と話者たちが決めているかぎり，「子供」の存在すら同定することができないのに，存在しない「子供」の生誕の順序をすでに確定したものとして断定的に述べるわけにはいかないからです。

　このように，序数詞が使われているからといって，自動的に the が使用されるわけではありません。後方照応の the を用いるべきかどうかは，原則として，すでに問題の出来事が起こっており，順序も確定していると話者が考えているかどうかによって決まってきます。まだ起こってもいない，そして起こってほしくない「第3次世界大戦」が，通例，英語では the Third World War ではなく a Third World War と表現されるのも，同じ理由

によっています。結局，(62)の a second child や a Third World War に見られる「a＋序数詞」という形は，依然として順序が確定していないことを示すものであり，another という追加的な意味を表しているにすぎません。

▶最上級と定冠詞 the

　最上級は，私たちが中学校や高校などで学んできた学校文法では，3つ以上のものを比較し，そのうちで最も程度が高いことを表す相対最上級と，他との比較を行なわず，ただ単に程度が極めて高いことを表す絶対最上級とに分類されています。一般に最上級と言えば，前者の相対最上級を指します。この相対最上級は，「最も」，「1番」といったようなはっきりと確定した順序を表すものと考えられていることから，序数詞の場合と同様，話者は問題となっている対象を唯一的に同定するように聞き手に対して求めても差し支えないとされています。そのため，相対最上級の形容詞や副詞などとともに名詞が用いられたときには，定冠詞の the が付与されることになります。

　まずは，最上級の形容詞が用いられているために，後方照応的用法の the を伴っている事例から見ていくことにしましょう。相対最上級には，ご存じのように，形容詞自体が -est という語尾を伴って最上級の形に活用する場合と，most の助けを借りなければならない場合とがあります。

(63) What's *the highest mountain* in Europe?
　　（ヨーロッパで最も高い山は何ですか）
(64) What's *the most beautiful mountain* in Europe?
　　（ヨーロッパで最も美しい山は何ですか）

4・定冠詞と不定冠詞の使い分け

(63)の例では，high という形容詞に -est を付けることで，「最も高い山」という相対最上級の意味が表現されています。それに対して，(64)の場合，beautiful という形容詞はそれ自身が最上級の形に活用することができないため，迂言(うげん)的に most の助けを借りています。いずれにしても，相対最上級は順序がすでに確定しているという判断が話者の側にある（順序の中身が事実かどうかは，別の問題です）ことを表現しようというものですから，後方照応的用法の the を用いて，聞き手に対して唯一的な同定を求める必要があります。また，ついでながら，下例のように，相対最上級は前項で見た序数詞と組み合わせて用いることもできます。

(65) Dalton is *the second tallest boy* in the class.
　　（ドルトンはクラスで2番目に背の高い男の子だ）

「1番」ではないものの，順序がすでに確定しているために，the が使われています。

　こうした相対最上級とは異なり，絶対最上級の場合は，他の同じような事例と比較しているわけではなく，「1番」とか「2番」といった形で順序が確定されたものとしてとらえられていません。絶対最上級が用いられている文というのは，問題となっている名詞の指示対象がそれ自身だけで極めて程度が高いということを記述しているだけであり，話者は聞き手に対して指示対象の唯一的な同定を求めているわけではないのです。最上級であることを -est によって表示する形容詞から見ていくと，可算名詞の単数形の場合，絶対最上級の意味を表現するためには，次のいずれかの形をとることになります。1つは，(66)のように，相対最上

級とまったく同じ形式をとるもので、定冠詞 the を伴い、-est という語尾がそのまま用いられる形です。もう 1 つは、(67)に示したように、不定冠詞 a と most の助けを得た形です。

(66) Lucille wears *the oddest clothes,* my dear.
(ルシールは本当に奇妙な服を着ているわね)

(67) The idea of such a journey came about, I should point out, from *a most kind suggestion* put to me by Mr Farraday himself one afternoon almost a fortnight ago, when I had been dusting the portraits in the library.
(そのような旅行の考えが浮かんだのは、2週間ほど前のある午後、図書館で肖像画のほこりを払っていたときに、ファラデイ氏自身が私にしてくれた本当に親切な提案からであったことを指摘しておかなければならない)

(66)のように、相対最上級と同じ形をとる場合、絶対最上級の意味であることをはっきりと示すためには、話し言葉であれば、形容詞の部分に強勢を置いて、やや長めに発音される必要があります。他方、(67)の kind のように、-est の形をとる形容詞であっても、絶対最上級の意味を表そうというときには、most の助けを借りることができますが、可算名詞の単数形とともに用いられた場合には、不定冠詞 a が付けられることになります。どちらの形がよく使用されるのかと言えば、most を用いた後者の方が一般に使用頻度が高いと考えられているようです。

これに対して、相対最上級の意味を表す際に、most の助けを借りなければならない形容詞は、絶対最上級の意味を表すときに

4・定冠詞と不定冠詞の使い分け

は，可算名詞の単数形とともに用いられた場合，(68)のように，相対最上級と同じ形を使用するか，もしくは(69)のように，theの代わりにaを用いることになります。

(68) Isn't she *the most beautiful woman?*
　　(彼女は本当に美しい女性だね)
(69) It was *a most beautiful morning.*
　　(本当に美しい朝だった)

(68)のごとく，定冠詞を伴っている事例は，絶対最上級の文なのかそれとも相対最上級の文なのかは，基本的には，文脈によって判断し見分けなければなりません。しかし，話し言葉においては，強勢の位置によって一応の区別がつけられるようで，相対最上級の場合は，mostの方に強勢が置かれるのに対して，絶対最上級の場合は，通例，形容詞に強勢が置かれます。他方，(69)の例は，不定冠詞が用いられていることから，明らかに絶対最上級の文であり，他との比較により「最も美しい朝」を意味しているのではなく，単に「本当に美しい朝」といった意味を表しているにすぎません。

ところで，bestならびにlastは，それぞれgoodおよびlateが活用変化したものなので，最上級の中に含めて論じることができるでしょう。まずは，bestという語が用いられている例から見ていきたいと思います。

(70) He's *the best man* for the job.
　　(彼はその仕事に最もふさわしい人だ)
(71) *Best buys* of the week are carrots and cabbages, which

are plentiful and cheap.
(今週のお買い得品は人参とキャベツで，どちらも大量にあり値段も安い)

(70)の the best man の場合，通常の文脈では，「最もふさわしい人」という相対最上級の意味を表し，話者は聞き手に対して唯一的な同定を求めています。他方，(71)では，Best の前に定冠詞が使用されていませんが，これは「先週もお買い得品はあったが，今週もお買い得品がある」という多少なりとも控え目な気持ちを表現しているからでしょう。つまり，とにかくお買い得な品であることを話者は述べているだけであって，聞き手に対して唯一的な同定を求めていないということです（不定冠詞を伴っていないのは，buys という複数形の名詞が用いられているためです）。

last という語を含んでいる場合についても，後方照応的用法の定冠詞を伴っているケースとそうでないケースとが観察されます。

(72) In *the last resort* we can always walk home.
(最後の手段として，私たちはつねに歩いて家に帰ることができる)

(73) As *a last resort* we could borrow more money on the house.
(最後の手段として，私たちは家を担保にしてさらにお金を借りることができるだろう)

(72)と(73)の例は，どちらも「最後の手段として」という意味を

4・定冠詞と不定冠詞の使い分け

表すものですが、両者の間にはニュアンスの差があると見るべきでしょう。その差とは、前者が「もうこれ以外に手段はないので、どうしようもないときには」といった非常に切羽詰まった感じを表現しようとしているのに対して、後者は「最後の手段」というものを記述的に表現しており、場合によっては、「最後の手段」をさらにいくつか提示することが可能な状況を表しているということです。ただし、これは含意としてであって、そうした「手段」を必ず提示できなければならないということを意味しているわけではありません。それでも、不定冠詞が使われている(73)の方は、定冠詞の有する「これしかない」という強い限定の意味が込められていないため、(72)の例と比べると、その分だけ話者にはいくぶん余裕があるように感じられます。

▶前置詞句と定冠詞 the

名詞は単独で用いられるだけでなく、これまで見てきたように様々な形容詞を伴ったりもします。また、of や at といった前置詞で始まる句によって後置修飾を受ける場合もよくあります。もちろん、被修飾語である名詞と前置詞句との関係は、構造的に見てどれも同じというわけではありません。また、前置詞句の意味内容についても、どのような目的語を前置詞がとっているかによって、相当にばらつきが見られます。しかし、前置詞句を使用することによって、問題となっている名詞の表している対象を唯一的に同定することを聞き手に対して求めようというときには、原則にしたがって、後方照応的用法の the が用いられます。

以下では、主として、of で始まる前置詞句を伴っているケースを取り上げ、若干の検討を加えていくことにしましょう。

(74) Ms. Wu is *the principal* of our local high school.
(ウー先生は私たちの地元にある高校の校長だ)

(75) *The captain* of the football team encouraged the players.
(サッカー部の主将は選手たちを励ました)

これらの文において，なぜ principal および captain という名詞の前に the が使用されているのかと言えば，of で始まる前置詞句の後置修飾を受けているためであるというのが，従来からなされてきた最も一般的な説明のしかたでしょう。こうした説明はまったくの間違いというわけではありませんが，それですべてが説明しつくされていると考えることもまた適切ではありません。同じような内容を表すものであっても，すぐ後で見るように，the が用いられていない事例が存在するからです。

そうであるならば，前記の2つの文については，どのような説明のしかたが妥当だということになるのでしょうか。ここでは，「学校には校長は1人しかいない」，「サッカー部には主将は1人しかいない」という常識ないしは百科事典的知識が動員されたために，後方照応的用法の the が使用されていると解釈したいと思います。ある組織を前提として，「校長」や「主将」という存在を考えた場合，以前に見たように，少なくとも空間と時間という2つの変数を設定する必要がありますが，定冠詞 the の使用が認められるためには，どの学校の「校長」あるいはどのサッカー部の「主将」を問題にしているのか（空間），それはまたいつの時点における「校長」あるいは「主将」のことなのか（時間）が決定されていなければなりません。逆に言えば，これらの変数にきちんとした値が挿入されているならば，問題の「校長」や「主

4・定冠詞と不定冠詞の使い分け

将」の指示対象は唯一的に決まってくることになります。もし the の代わりに不定冠詞の a が用いられたならば，包括的な意味合いが失われ，唯一的な同定を行なうことができなくなってしまうでしょう。不定冠詞をとっている形が不自然な文として排除されるのは，2人以上の「校長」あるいは「主将」が同時に存在することを含意してしまうのを避けるためです。

ただし，例えば時間という変数の値がとくに与えられていないなど，指示しうる役職者の数が1人だけに限定されていないときには，不定冠詞を使用することが可能です。

(76) *the President* of the Royal Academy
　　（英国王立美術院長）
(77) *a former President* of the Royal Society
　　（英国学士院の元院長）

常識的には，ある特定の組織の長というものはふつう1人であると考えられるため，通例，(76)のように，President の前には the を付ける必要があります。この場合，上述した時間的・空間的な制約，つまりある特定の時点においては同時に2人の人間が President の職に就くことはできないという極めて常識的な根拠に基づいて，「英国王立美術院長」という存在を聞き手は唯一的に同定すべきだと話者は判断しているわけです。

しかし，そうした制約が外れたときには，不定冠詞を使用しても一向に構いません。(77)はそういった例の1つです。なるほど，特定の組織の長を同時に2人が占めることはできませんが，時間という変数の値を変化させるならば，そのような役職に就いたことのある人物が何人かいたとしてもけっして不思議ではあり

ません。「英国学士院の元院長」と言うとき,その指示対象は必ずしも1人とは限らないことを思い返してみれば,十分に納得がいくのではないでしょうか(ちなみに,(77)の例で,a の代わりに the を用いたならば,文脈にもよりますが,「元院長」ではなく「前院長」を一般に指すことになります)。

　このように,後方照応的用法の the は,その名称の通り,後に現れる要素との関係を考慮した上で用いられるものですが,もし名詞を修飾する要素である前置詞句自体が削られてしまった場合には,どのような変化が生じることになるでしょうか。試みに,(74)から前置詞句 of our local high school を削除した(78)と,削除後の文の中で用いられている the を不定冠詞の a と交換した(79)とを比較してみることにしましょう。

(78) Ms. Wu is *the principal.*
　　 (ウー先生が校長だ)
(79) Ms. Wu is *a principal.*
　　 (ウー先生は校長だ)

上記の例は,どちらも完全に文法的かつ適切な文であることは間違いありません。ただし,「形式が異なれば,意味も異なる」というテーゼにしたがうならば,両者の間にはニュアンスの差があると言わねばならないでしょう。日本語訳でも,「が」と「は」という異なる助詞が使われています。

　そこで,この2つの文の違いを探ってみるならば,定冠詞が用いられている(78)の例は,ある学校の校長のことがすでに話題となっており,「校長はいったい誰なのか」という問いに対する答えとなる文であり,the は前方照応的に用いられていると解釈す

4・定冠詞と不定冠詞の使い分け

ることができます。それに対して、不定冠詞が用いられている(79)の方は、「Wu 先生はどのような人か」といった問いに対する答えとして、彼女の属性の1つである役職について記述的に表現した文であると言ってよいでしょう。事実、「校長」という役職に現在就いている人は、Ms. Wu だけに限られるわけではありません。どこの学校の「校長」であるのかということを問わなければ、つまり空間という変数に特定の値を挿入しなければ、主語の位置には様々な人の名前を入れることができるはずです。

ところで、of で始まる前置詞句を伴っているにもかかわらず、下の(80)のように、the が落ちて冠詞なしの形をとっているケースを時折見かけます。

(80) John is *(the) captain* of the football team.
　　（ジョンはサッカー部の主将だ）

すでにご存じでしょうが、the を伴っていない場合は、1人の個人を指示するというよりも、むしろ「主将」といういくぶん抽象化された役職名を強調する方向に、意味の重点が移っていると考えられています。実際、上例において、John と the captain of the football team は入れ替えても文は成立しますが、定冠詞を省略した形の場合、そのような入れ替えはできません。この場合の役職名は、単に補語として機能しているだけであって、主語になることはできないのです。

役職名を強調したいときには、冠詞なしの形をとるという点は、前置詞句を伴っていない場合にも同様に当てはまります。

(81) She's been chosen as *the new club president.*

(彼女はクラブの新会長に選ばれた)
(82) The Americans chose Bill Clinton as *president* / to be *president*.
(アメリカ国民はビル・クリントンを大統領に選んだ)

(81)の文において，president の前に the が使われているのは，まさに「クラブの新会長」という1人の個人が問題になっているためです。それに対して，(82)の文で，president が冠詞を伴わずに用いられているのは，「大統領職」というやや抽象的な地位ないしは肩書きに意味の重点が置かれ，「個人としての大統領」が問題になっているわけではないからです。

of 前置詞句を伴った後方照応的用法の the の例を，もう1組だけ取り上げ，比較してみましょう。

(83) His broken leg is *the direct result* of his own carelessness.
(彼が足の骨を折ったのは，彼自身の不注意が直接もたらした結果である)
(84) The failure of the company was *a direct result* of poor management.
(その会社の倒産は，お粗末な経営が直接もたらした結果である)

上記の例は，ある事柄の「直接的な結果」を意味するものであるため，どちらの場合も result の後に of で始まる前置詞句が来ています。しかし，(83)の例では定冠詞 the が用いられているのに対して，(84)の方には不定冠詞 a が用いられています。こうし

4・定冠詞と不定冠詞の使い分け

た違いが生じているのは、どのような理由によるのでしょうか。前者の場合、「彼自身の不注意が直接の結果であって、それ以外には考えられない」といった因果関係を断定することに意味の重点が置かれており、またそのことを聞き手は唯一的に同定すべきであると話者が判断しているために、定冠詞をとっていると考えられます。他方、後者が不定冠詞をとっているのは、「お粗末な経営の直接の結果である」ということをただ単に記述的あるいは報告的に述べているだけで、聞き手はとくにそれを唯一的に同定する必要はないと話者が判断しているからでしょう。

以上、of 前置詞句と定冠詞との関係を簡単に見てきましたが、ただ単に前置詞句を伴っているかどうかということが、後方照応的用法の the を用いるべきかどうかの基準となっているわけではありませんでした。むしろ、冠詞の選択に大きく関与していたのは、常識ないしは百科事典的知識やどういうことを主張したいのかという問題の方でした。「前置詞句の修飾を受けているときには、必ず定冠詞が使用される」といった規則は存在しないということを、ぜひここで確認しておいて下さい。

▶ to 不定詞と定冠詞 the

これまで見てきた前置詞句のケースと同様に、to 不定詞による後置修飾を受けている場合も、問題となっている名詞にはつねに定冠詞 the が付されるわけではありません。次にあげた2つの文を比べてみましょう。

(85) People have *the right* to read any kind of material they wish.
(人は読みたいものであれば、いかなる種類のものであ

っても読む権利を有している)
(86) People have *a right* to worship as they choose.
(人は望むように崇拝する権利を有している)

定冠詞が用いられている(85)の場合,to 不定詞の内容に関わることについては,おそらくすでに前の文脈で議論されており,それは絶対に譲ることのできない権利なのだということを,この文は主張しているのではないかと思われます。つまり,to 不定詞の中身は,前の文脈で述べられている内容を総括する形で引き受けているということです。とするならば,ここで用いられている the は,to 不定詞との間では後方照応的な関係にあるものの,前の文脈との間では前方照応的な関係にあると考えることができそうです。どうやら,この例の場合も,前方照応と後方照応とは同時に成立しうるものであって,相互に排他的な関係にはないようです。他方,不定冠詞が用いられている(86)の文は,いわゆる信教の自由について述べたものですが,そうした権利があるということを単に記述しているにすぎません。

名詞が to 不定詞を後にしたがえている事例を,もう1つだけ見ておきましょう。今度は,ability という名詞の例です。

(87) She has *the ability* / *a remarkable ability* to summarize an argument in a few words.
(彼女には,議論を数語でまとめてしまう(非凡な)能力がある)

この例からも明らかなように,to 不定詞を伴っている名詞の前には,やはり the も a も使用することが可能です。2つのケース

を比べてみると、定冠詞が用いられている方は、前の文脈でto不定詞が表している内容についてすでに議論がなされており、「彼女にはまさにそうした能力がある」ということをとくに強調しようとしている文ではないかと思われます。もしそうであるならば、すぐ上で述べたように、to不定詞をしたがえている名詞の前に付けられた定冠詞theは、後方照応的であると同時に前方照応としての機能も果たしていることになります。それに対して、不定冠詞aが用いられている方は、「どんな能力であるのか」あるいは「その能力がどの程度のものであるのか」を記述したものとして解釈することができます。後者において、remarkableという程度を表す形容詞が使用されているのは、この文全体がそうした記述的な性格を有していることの1つの証左であると言えるでしょう。

▶関係詞節と定冠詞 the

定冠詞の後方照応的用法の事例として、最後に関係詞節の先行詞となっている名詞に付けられるtheについて、多少紙幅を割いて検討を加えておくことにしましょう。日本人学習者の中には、「関係詞節の先行詞には、必ずtheを付けなければならない」と考えている人が意外と多くいるようです。個人的な話で恐縮ですが、筆者自身にも無邪気にそう信じていた時期がかつてありました。しかし、実際には、関係詞節を伴っているにもかかわらず、先行詞にtheが使われていない例はかなり見かけます。

問題となっている名詞が関係詞節による修飾を受けているときに定冠詞が用いられるのは、基本的には、これまで見てきた後方照応的用法のtheの様々な事例と同様、その指示対象を聞き手は唯一的に同定しているはずだ、あるいは同定する必要があるとい

う判断を話者が下している場合に限られます。では，そうした唯一的な同定がなされる基盤というのは，いったいどのようにして築かれているのでしょうか。まずは，下に掲げた2つの文から見ていくことにしましょう。

(88) Turkey is *the country* which impressed me the most.
（トルコは私に最も大きな印象を与えた国だ）
(89) Brazil is *a country* which is on the other side of the earth.
（ブラジルは地球の裏側にある国だ）

(88)の場合は，関係詞節の中に相対最上級であることを示す表現 the most を用いることにより，聞き手に対して指示対象の唯一的な同定を話者が求めているために，先行詞に後方照応的用法の the が使用されていると考えてよいでしょう。他方，(89)において，不定冠詞が用いられているのは，ただ単に「ブラジルはどのような国か」という属性を述べた記述的な文にすぎないからです。一般的には，「地球の裏側にある国」はブラジルだけではなく，それ以外にもチリやアルゼンチンをはじめとして複数の国が存在しており，ブラジルはそのうちの1つであるために，不定冠詞をとっているといった説明がなされていますが，実際には，それは含意として解釈すべきことです。というのは，こうした不定冠詞をとっている表現は，いわゆる唯一性に関して中立の立場にあると考えられるからです。少しややこしい表現になりますが，(89)の文について言えば，「地球の裏側にある国はブラジルだけではなく，他にもある」ということを伝えているのではなく，「地球の裏側にある国はブラジルだけであり，他にはない」とい

4・定冠詞と不定冠詞の使い分け

うことを伝えてはいない
　　　　　　・・・・・・・・
というのが，この文が本当に意味していることなのです。

　もっとも，先行詞である名詞が関係詞節による後置修飾を受けているからと言って，それに付された the をつねに後方照応的用法の定冠詞としてだけ解釈することは必ずしも正しくありません。to 不定詞の場合と同様，関係詞節による意味的な面での限定がそれほど強く感じられないにもかかわらず，先行詞に定冠詞が付されている事例が存在するからです。ここでは，次に示した2つの文を比較することで，この問題について考えていきたいと思います。

(90) This is *the book* I bought yesterday.
　　（これが昨日私が買った本です）
(91) This is *a book* I bought yesterday.
　　（これは昨日私が買った本です）

上記の例はいわゆる接触節であるため，目的格の関係代名詞 which もしくは that が省略されていますが，問題の本質は変わりません。まず，先行詞に定冠詞を伴っている(90)の方から検討してみるならば，この例は「昨日私は本を買った」という事実，あるいはそうした事実と関連のある話をしていて，聞き手から「それはどの本か」と尋ねられたときの答えになる文であり，「これが昨日私が買った本だ」という意味を表すものとして解釈することができます。実際，「昨日私は本を買った」という事実について何らかの予備的な言及がなければ，この文は聞き手に対して非常に唐突な印象を与えるものとなってしまうでしょう。ということは，(90)で用いられている the は，関係詞節を伴っていると

いう意味では，後方照応的用法の定冠詞として機能していますが，問題となっている「本」がすでに話題に上っているため，その存在を聞き手は唯一的に同定できるはずだと話者が判断し再度言及を行なっているという点からすれば，前方照応的用法の定冠詞としても同時に機能していることになります。

　そうだとすれば，関係詞節自体は指示対象を唯一的に同定するための手掛かりを提供しているにすぎないことになります。すなわち，「昨日私は本を買った」という事実は，聞き手にとって既知の情報であるため，関係詞節である I bought yesterday という部分は，先行詞 book が表している対象を聞き手が容易に推量できるようにと，話者が親切心から付け加えたものだということです。その証拠に，This is the book という部分までで文を切ってしまっても，コミュニケーションは十分に成立するはずです。聞き手がまだ知らないのは，「昨日本を買った」ということではなく，「どれが昨日買った本なのか」ということだからです。

　それに対して，(91)の This is a book I bought yesterday. という文は，「これは昨日私が買った本だ」という記述的な意味を表しています。この文が発せられるのはどのような文脈においてかという問題について考えてみると，記述的な性格を持ったものであることから，「昨日本を買った」という事実を初めて話題として取り上げるような状況を想定することができるでしょう。実際，(91)の文の後には，「その本の内容はどのようなものなのか」，「著者は誰なのか」，「出版社はどこか」といったことについて述べる文が続いていくはずです。

　また，(90)の the が用いられている事例とは異なり，関係詞節である I bought yesterday という部分を省略し，This is a book で切ってしまった場合，話者が本当に意図している意味を的確に

4・定冠詞と不定冠詞の使い分け

伝えることができなくなってしまいます。関係詞節をも含めた文全体によって,どのような種類の本であるのかということを記述しているわけですから,その本の属性をはっきりと述べるためには,関係詞節の部分を省略することは絶対にできません。

以上の説明から,(90)の This is the book I bought yesterday. は,すでに話題となっている指示対象について再度言及するという機能を果たしているのに対して,(91)の This is a book I bought yesterday. という文は,指示対象を初めて話題に取り上げるという役割を果たすものであることがはっきりしたのではないでしょうか(そうした違いは,日本語に直したときに,助詞「は」と「が」の使い分けという形で現れてきます。(90)の場合,「これが̇」であったのに対して,(91)の例では,「これは̇」になっていました)。結局のところ,関係詞節による修飾を受けているからと言って,つねに定冠詞が用いられるわけでも,また仮に定冠詞が用いられたとしても,後方照応的用法のものとしてだけ機能しているわけでもないのです。

ところが,このような説明が可能であるにもかかわらず,中級以上の学習者であっても,(90)と(91)の間に見られる冠詞の使い分けは,購入した「本」の数が異なっていることを直接反映したものであって,それぞれほぼ次の文のように言い換えることができると信じている人が多いようです。

(92) This is *the only book* I bought yesterday.
   (これは私が昨日買った唯一の本だ)
(93) This is *one of the books* I bought yesterday.
   (これは私が昨日買った本のうちの1冊だ)

確かに，この2つの文では，意味の重点は数の違いに置かれています。(92)の文が意味しているのは「1冊だけ買った」ということであり，(93)の方は「何冊か本を買ったうちの1冊である」ということを表しています。しかしながら，先程見た(90)と(91)の文についても，数の違いに意味の重点が置かれていると解釈し，(90)と(92)ならびに(91)と(93)を同列に扱うことは適当ではありません。上述の説明にしたがえば，冠詞の使い分けは，どれが問題の本であるのかを聞き手に唯一的に同定するよう求めているのか，それともただ単にそれがどのような本であるのか記述しているだけなのかという違いに由来するものであり，数の問題とは関係がないのです。

とはいうものの，(90)の This is the book I bought yesterday. の場合，the が「それだけしかない」という包括的な意味を表す文法標識であることを思い起こすならば，文脈によっては，「買った本は1冊だけ」ということを含意するケースはありうると思います。ただし，それはあくまで含意としてであって，前方照応的用法の定冠詞としての機能を果たしていると考えられるかぎりは，「1冊だけでなければならない」ということを積極的に表しているわけではありません。

他方，(91)の This is a book I bought yesterday. という文についても，「何冊か買った本のうちの1冊」と解釈することが完全に間違っていると主張しているわけではありません。含意としては，そうした意味を表しているということもありうるでしょう。それでも，この場合の不定冠詞 a は「買った本は1冊だけではなく，他にもある」ということを伝えているのではなく，「買った本は1冊だけであり，他にはない」ということを伝えてはいないと理解するのが，やはり妥当ではないでしょうか。前にも触れた

4・定冠詞と不定冠詞の使い分け

ように，唯一性に関して，不定冠詞は中立的な立場をとるものだからです。

数に重点を置いた解釈がおかしいということは，次のような例を検討すれば明らかでしょう。

(94) That is *the girl* whom I saw yesterday.
（あの娘が私が昨日会った女の子です）
(95) This is *a cat* which I saw yesterday.
（これは私が昨日見かけた猫です）

これらの例において，もし冠詞の違いは数の違いを反映したものだと考えるならば，(94)は「昨日見かけた女の子は1人だけで，その当人」を意味し，(95)は「昨日見かけた猫が何匹かおり，そのうちの1匹」を表すという日常会話としては少し奇妙な解釈をしなければならなくなってしまいます。しかし，実際には，上の2つの文はそのような意味を表すものではないでしょう。

(94)の文では，先行詞 girl に定冠詞が用いられていますが，これは「あの娘が例の女の子だ，ほら昨日私が見かけた」といった意味を表しているからです。関係詞節による修飾を受けているという点からすれば，(94)の文で使われている定冠詞は後方照応的用法の the ということになりますが，この文の前には「昨日私が見かけた女の子」のことが話題に上っていなければならないとするならば，前方照応的用法の定冠詞としても機能していることになります。そこには，先行詞の girl が指示する対象についてはすでに言及済みであるのだから，聞き手はその指示対象を唯一的に同定しているにちがいないという判断が話者の側にあるわけです。それに対して，(95)の場合，先行詞 cat に不定冠詞が用い

られていますが，その理由は関係詞節を含む文全体が，「どのような猫か」ということを記述する役割を果たしているからにすぎません。

ただし，関係詞節の先行詞に付けられた定冠詞は包括的な意味をけっして表すことができないと言っているのではありません。次の文を見て下さい。

(96) This is *the house* where I was born.
（これが私の生まれた家だ）

上例の場合，関係詞節を伴っているために，後方照応的用法の the が用いられていると考えることができます。なぜなら，ある人の「生まれた家」が2件以上存在するなどということは，現実問題としてありえないからです。(96)で house の前に付された the は，たとえこの文の前に「生まれた家」に関する話題が持ち上がっていなくても，後続する関係詞節の内容によって，聞き手は指示対象を唯一的に同定することができるはずだと話者が判断しているために用いられたものです。

確かに，こうしたケースも観察されるのですが，だからと言って，a か the かの違いを単純に数の違いを反映したものとしてだけとらえるのは，避けた方がよいでしょう。冠詞がどのような使われ方をしているのかをできるだけ正確に分析するためには，文自体の意味や前後関係などを十分に考慮に入れることが大切です。

▶ there 構文と定冠詞 the

日本人の英語学習者の多くは，「there 構文において，その意

4・定冠詞と不定冠詞の使い分け

味上の主語に単数形の可算名詞が来た場合，必ず a を付けなければならず，the を用いるのは誤りである」といった規則が存在すると思い込んでいるようです。しかし，これは there 構文と不定冠詞の関係をできるだけ簡単に説明するために設けられたいわば経験則のようなものであって，事実を正確に反映させた上で生み出されたものではありません。中学校の教科書などに出てくる there 構文は，そのかなりの部分が意味上の主語に不定冠詞が付けられたものであることは事実ですが，日常使われている英語では，the を付けられた例が数多く観察されます。とするならば，そうした意味上の主語に定冠詞 the を伴う there 構文が容認されるのは，いったいどのような条件の下においてなのか考えてみる必要があるでしょう。以下では，there 構文の意味上の主語と冠詞との間に見られる関係について，簡単に検討しておきたいと思います。

さて，ごく大雑把に言えば，there 構文はいわゆる存在文 (existential sentence) とリスト文 (list sentence) という2つのタイプに分類することができます。ここで言う存在文とは，これまでに言及されていない何か新しい事物を初めて話題にするとき，すなわち聞き手に対してあるものの存在を新たに提示するときに用いられる文のことです。他方，リスト文というのは，その名称の通り，事物をいくつか列挙して聞き手に提示していくための文を意味します。下に掲げた2つの文を比較して下さい。

(97) There is *a motorcycle* in the garage.
　　（ガレージにはバイクがある）
(98) There is *the motorcycle* in the garage.
　　（ガレージには例のバイクがある）

(97)の例は,「ガレージにバイクがある」ことを聞き手に初めて知らせるいわゆる存在文として解釈することができます。それに対して, (98)はここでリスト文と呼んでいるものであり,「ガレージにバイクがある」ことを聞き手はすでに知っているかもしれないが, そのことを新たな情報的価値を持ったものとして聞き手に提示する役割を果たしています。例えば, 聞き手が対象の存在を度忘れしているときに思い出させる機能というのは, リスト文が果たしている重要な機能の1つです。

(97)が存在文であり, (98)がリスト文であるということの区別は, 前者の場合, What's in the garage? (「ガレージには何があるの」) という疑問文に対する答えに相当するものとして, また後者の場合であれば, 例えば How could we go to the beach? (「どうすれば海岸までいけるだろうか」) といった疑問文の答えに相当するものとして解釈することができるという点がわかっていれば, さほど難しいことではありません。ただし, リスト文の意味上の主語には, 聞き手がまったく知らないような対象を指す名詞も入ることができるため, 不定冠詞を伴っている(97)とまったく同じ形式をとる場合があることや, 自転車や自動車といった他の様々な手段とともに列挙されているときには, リスト文としての読みの方が優先されるということは知っておいた方がよいでしょう。

ところで, 前述したように, リスト文の意味上の主語に the が用いられていたならば, それはひょっとしたら聞き手は対象の存在をすでに知っているかもしれないが, たまたま失念しているようなので, その存在を改めて想起させるといった機能を果たしていると考えられます。リスト文にこうした機能が付与されているのは, コンピューターなどとは異なり, 人間は記憶したすべての

4・定冠詞と不定冠詞の使い分け

事柄をいつでも直ちに呼び出すことができるわけではないということに起因しています。もちろん、いわゆるフレームの問題(人間は無限に広がる可能性の中から本質的なものとそうでないものを区別することができますが、コンピューターにはそうした区別が容易にできないといった問題)に代表されるように、人間にはコンピューターがそう簡単には真似することのできないような優れた能力が備わっていることも確かです。しかし、聞き手の側が接近できる記憶はと言えば、多かれ少なかれすぐに利用可能な一部の情報だけであって、残念ながら、必ずしも聞き手の持っている記憶量全体ではありません。

　結局のところ、リスト文の意味上の主語に付された定冠詞 the は、場面から明らかであるとか、すでに言及されているなど何らかの理由によって、聞き手はその指示対象の存在を唯一的に同定しているはずだと話者が判断したために用いられているにすぎません。言い換えれば、リスト文における the は、現時点において聞き手が接近できる情報からすれば、聞き手は唯一的に同定していないかもしれないが、記憶量全体から言えば唯一的に同定しているはずであるということをほのめかしているだけなのです。

　最後に、there 構文と意味的あるいは形式的に近いと考えられるいくつかの表現を取り上げ、注意すべき点を指摘しておきたいと思います。まずは、同じ定冠詞が用いられてはいても、すでに見た(98)のようなリスト文と次に掲げた(99)のような文とは明確に区別する必要があるという点です。

(99) *The motorcycle* is in the garage.
　　 (例のバイクはガレージにある)

上例は，聞き手も唯一的に同定している「バイク」の所在を伝えるための文であって，Where's the motorcycle?（「例のバイクはどこにあるの」）という疑問文の答えになるものです。リスト文の場合とは異なり，「バイク」の存在自体は新たな情報的価値を持つものとして扱われてはいません。

　もう1つ注意しておきたいのは，何かが存在することを聞き手に伝える表現形式は，there 構文の形をとる存在文だけしかないわけではないという点です。下に示した3つの文は，いずれも「テーブルの上に花瓶がある」という意味を表しています。

(100) There is *a vase* on the table.
　　　（テーブルの上に花瓶がある）
(101) *A vase* is on the table.
　　　（花瓶がテーブルの上にある）
(102) The table has *a vase* on it.
　　　（テーブルの上には花瓶がある）

確かに，どの文によっても，「テーブルの上に花瓶がある」という点は表現することができますが，それぞれの文の間にはニュアンスの差が見られるようです。(101)の A vase で始まる例は，「たまたま，テーブルの上に花瓶がのっている」という偶然の出来事を表す文であるのに対して，(102)の方は，「テーブル」と「花瓶」の関係が「全体－部分」という形で1つのまとまりを持ったセットになっていることを含意する文であると言われています。したがって，これら2つの文は，「テーブルの上には必ず花瓶があるはずだ」といった何か必然的な関係が感じられるかどうかといった点で，大きくニュアンスを異にしています。他方，

4・定冠詞と不定冠詞の使い分け

(100)において there 構文の形式をとっている存在文の場合，そうした点に関して中立的な立場にあるため，含意として必然的な関係を表すことも，偶然の関係を表すことも可能だとされています。

▶定冠詞と不定冠詞の使い分けは難しくない

　定冠詞 the は，話者が聞き手との間で共有している知識（その中には，場面や文脈も含まれます）を絶えず参照することによって，問題となっている名詞の指示対象がどれであるのか聞き手はわかっているにちがいないと話者が判断していることを表す文法標識です。換言すれば，それ以外の何物でもないと言えるほど，聞き手は指示対象を唯一的に同定しているはずだと話者が考えていることを示すものです。本章では，このような定義にしたがって，外界照応，前方照応，後方照応という the に関わる主要な用法を詳細に検討し，それらの用法が成立する様々な基盤について見てきました。

　第1章でも述べたことですが，日本人学習者には，どの冠詞を使ったらよいのか迷ったときには，とにかく the を付けておくという傾向が見られるようです。定冠詞の使い方に関しては，残念ながら，まだよくわからないところがあるのも確かですが，ある程度効率よくコミュニケーションを図るためには，できるかぎり正確に the を使用するよう努める必要があるでしょう。そのような努力を怠りつづけると，聞き手からの問い返しを受けて，コミュニケーションが頻繁に中断してしまう恐れがあるからです。

　イギリスの英語教育学者 H. G. Widdowson は，「冠詞の主たる機能は推量の幅を狭めるような形で文脈の座標軸を設定することにある」と述べています。この言葉は，定冠詞を適切に使うこ

とができるようになれば，なお一層円滑なコミュニケーションを図れるようになるということを示唆するものとして受け取ることができるでしょう。本書全体の中で，どのような場合に定冠詞が使用されるのかという問題を解明する作業が，可算名詞と不可算名詞の使い分けと並んで大きな比重を占めているのは，コミュニケーションを滞りなく進めていくための基礎をできるかぎり明確に提示したかったからです。

5
冠詞に関わる様々な問題

1．特定性の問題

▶定性と特定性の違い

　前章までは，英語の冠詞がいったいどのようなしくみに基づいて決定されているのかを詳しく見てきました。冠詞の使い方に関する基本的な部分については，これまでの説明によってほぼカバーすることができたのではないかと思います。しかし，ご存じのように，冠詞のしくみを説明するというのは一筋縄ではいかない非常に厄介な作業であり，依然として検討すべき課題が多く残されていることもまた事実です。この章では，そうした冠詞に関わる様々な問題のうち，もう少し議論しておく必要があると思われるものを取り上げ，若干の考察を加えておくことにしましょう。

　さて，第4章で見たように，定性とはある名詞の指示している対象を聞き手は唯一的に同定しているにちがいないと話者が判断していることを意味しており，定冠詞の the が用いられるのは，そのようなときだけに限られました。その具体的なケースとしては，場面から指示対象がどれであるのかはっきりわかる場合（外

界照応的用法),すでにテクストの中に登場しているものについて再度言及する場合(前方照応的用法),さらには same のような形容詞や他の修飾語句を用いて,唯一的な同定を聞き手に要求する場合(後方照応的用法)がありました。

それに対して,ここでは新たに特定性(specificity)という概念を導入することにしたいと思います。特定性という用語はきちんと定義した上で使われることがあまりないため,しばしば定性という用語と混同されがちですが,本書では両者を区別する立場を採りたいと思います。その上で,「特定性とは問題となっている名詞が具体的に指し示している対象を話者が頭に思い浮かべているかどうかを表す概念のことである」と定義することにしましょう。この定義からもわかるように,特定的かどうかということは話者自身にとっての関心事であり,聞き手が指示対象をどうとらえているかという問題とはまったく関係がないという点で,前章で扱った定性とは大きく異なるものです。

説明が少しわかりにくくなってしまったかもしれません。定性と特定性の違いをきちんと把握しておくために,まずは次の2つの例を比較することにしましょう。

(1) Here's *the shop* I was telling you about.
 (ここがあなたにお話していた店です)
(2) Here's *a summer soup* that is almost a meal in itself.
 (こちらが夏のスープで,これだけでも食事の代わりになります)

どちらの文も,Here is の縮約形 Here's ではじまっており,いわゆる意味上の主語が関係詞節による修飾を受けているという点

5・冠詞に関わる様々な問題

で、ほぼ同じ形式の文と考えて差し支えないでしょう。しかし、冠詞の使い方には大きな違いが見られます。まず、(1)の場合、shop という名詞の前に the が使われています。これは、関係詞節の内容からも明らかなように、聞き手はその指示対象がどれであるのかすでに知っており、唯一的に同定できるはずだと話者が判断しているために用いられたものです。それに対して、(2)の文では、今テーブルに問題のスープをはじめて出そうとしているところなので、まだ指示対象の存在を聞き手は唯一的に同定するまでには至っていないという判断を話者が下しているために、初出であることを表す不定冠詞を伴った a summer soup という形が使われています。

しかし、具体的な対象の存在を話者が心に抱いているかどうかを表す特定性に関しては、(1)で定冠詞を伴っている the shop も、(2)で不定冠詞を伴っている a summer soup も特定的な存在を表すものとしてしか解釈できません。なぜなら、話者は「店」や「スープ」が目の前に存在することをしっかりと確認しながら、これらの文を発しているはずだからです。実際、Here's という形式ではじまる文は、話者がすでにその存在を知っている対象を提示するために用いられるものですから、どちらの場合も話者にとっては特定的な存在を表していることになります。

このように、定冠詞と不定冠詞は、聞き手が指示対象を唯一的に同定していると話者が判断しているかどうかをめぐって完全に対立するものですが、特定的な存在を指示しているかどうかという点では、定冠詞を伴っていても不定冠詞を伴っていても、とくに違いがあるわけではありません。特定的かそれとも非特定的かという点は、話者が聞き手との間で共有している知識を考慮したものではないからです。したがって、本書の言う特定性は、定性

とは異なり，いずれの冠詞を使用すべきかという問題には直接関与していないことになります。これまで「定冠詞 the は，特定のものを指すときに用いられる」という言い方をできるだけ避けてきましたが，それはまさにこうした理由によっていたのです。

▶特定的か非特定的か

　ところで，特定性については，一種の常識というものが働くためでしょうか，言語間に見られる差異の影響をあまり強く受けないようであり，特定性を正しく解釈することは，日本人の英語学習者にとってもさほど困難な問題ではなさそうです。もちろん，これは経験に基づく直感であって，実際に調査した結果によるものではありません。しかし，アメリカの言語学者 Derek Bickerton によると，特定的かそれとも非特定的かを区別する能力は，人間が生物として生まれながらに持っているもの，彼の用語にしたがうならば，「バイオプログラム」の一部に組み込まれているもののようです。そのため，英語の母語話者だけでなく，私たちのように第2言語として英語を学習している者であっても，あえて意識的な学習の努力をしなくとも，ある名詞の表しているものが特定的かそれとも非特定的かということは容易に区別できると考えられています。

　しかし，だからと言って，特定性という概念には議論すべき問題がまったくないというわけではありません。例えば，特定的なのかそれとも非特定的なのかという問題は，冠詞や文自体から一義的に解釈することがいつも可能なわけではなく，その解釈に当たっては，場面や文脈を十分に考慮に入れる必要があります。次頁に掲げた2つの文を比較してみて下さい。

5・冠詞に関わる様々な問題

(3) I have *an old guitar*.
　（私は古いギターを持っている）
(4) I want *a new guitar*.
　（新しいギターが欲しい）

　(3)の例は，ある個別具体的な「古いギター」が存在しており，なおかつそれを所有していることを話者が断言しているものであり，この場合，特定的な読みだけが成り立ちます。また，不定冠詞 a の異形である an が用いられているのは，指示対象である「ギター」が聞き手にとって未知の存在であり，聞き手はまだその「ギター」を唯一的に同定していないであろうと話者が判断しているからです。

　それに対して，(4)の場合，特定的な意味と非特定的な意味のどちらでも解釈することが可能です。例えば，特定の楽器店に飾ってある特定の「ギター」の存在を前提とした上で，それが欲しいと話者が思っているのであれば，もちろん特定的な意味を表していることになります。他方，「どのギターにするかはまだ決めていないが，とにかく新しいギターが欲しい」ということであれば，非特定的な意味を表していることになるでしょう。こうした曖昧さが生じるのは，問題となっている a new guitar という表現が，不確定性と呼ばれる性質を持った動詞 want の影響下（この場合，目的語）に位置しているからです。特定的な意味を表しているのかそれとも非特定的な意味を表しているのかは，もちろん文脈によって決まってきますが，どちらかと言えば，特定の存在を念頭に置かない非特定的な意味を表すことの方がふつうであると言われています。ちなみに，不確定性を示す動詞ないしは動詞句としては，want 以外に，expect, look for, hope for など

をあげることができます。

　今度は，不確定性を表す動詞（句）ではなく，文の中に含まれている他の要素の影響を強く受けていると思われるケースを見てみましょう。下に示した2つの文では，時制が特定性の問題に深く関与しています。

(5) When you saw *a dog,* were you frightened?
　　（犬を見たとき，怖かったですか）
(6) When you see *a dog,* are you frightened?
　　（犬を見たら，怖いですか）

(5)の a dog は，過去時制の動詞 saw の目的語になっており，個別具体的な「犬を見た」という事実を表していることから，特定の「犬」の存在を念頭に置いた上でなされた発話であると言ってよいでしょう。定冠詞 the が用いられていないのは，問題となっている「犬」の存在を聞き手はまだ知らないと話者が考えているからです。それに対して，(6)の現在時制の動詞 see が用いられている文は，通例，「どれでもいいから犬を見たら」といった意味を表しており，特定の「犬」の存在を思い浮かべた上で発話されたものではありません。したがって，(5)の例は特定的な意味を，(6)の方は非特定的な意味を表していることになります。絶対にそうだというわけではありませんが，1つの傾向として，過去時制の動詞（ただし，不確定性を表すものは除きます）の影響下にある名詞は，特定的な意味を表すことが多いということは言えるかもしれません。

　特定性については，さらに進行形の影響下にあるかどうかという点も考慮に入れる必要があるでしょう。

5・冠詞に関わる様々な問題

(7) She is slicing *a juicy mango.*
　　（彼女は果汁の多いマンゴを切っている）
(8) I enjoy *a juicy mango.*
　　（私は果汁の多いマンゴがお気に入りだ）

(7)では，is slicing という現在進行形が用いられていますが，この場合，実際に「マンゴ」を切る動作を今現在している最中なわけですから，特定的な意味を表していることになります。他方，(8)の例では，習慣的な状態を表す非完了的な動詞 enjoy が単純現在形で用いられているため，一般に a juicy mango は非特定的な「任意のマンゴ」を表すものとして解釈されます。

　このように，特定性という概念は，対象の解釈に関わる非常に興味深い問題を私たちに提供してくれます。しかし，特定性は冠詞の選択に直接関わっていないだけでなく，Bickerton が言うように，特定的かそれとも非特定的かを区別する能力が私たちの脳の中に生物学的にプログラムされているとするならば，両者の解釈に関わる問題については，さほど気を揉む必要はないでしょう。ただし，定性と特定性の間の区別はしっかりとつけなければなりません。特定性を正しく解釈することが容易であるがゆえに，特定的か非特定的かを基準にして，定冠詞と不定冠詞の使い分けをしてしまうという誤りがかなり見受けられるからです。

2．総称性の問題

▶総称性を表す3つの形式

　冠詞との関係から，特定性と並んでしばしば問題にされるのが，総称性（genericity）と呼ばれている概念です。総称性とい

うのは，ある共通の特質を持っている個々の存在をひとまとめにして，組ないしは類として全体的に表象するものを言います。総称性を意味する最も典型的なケースとしては，all や every といった普遍数量詞と呼ばれているものや always を用いて言い換えることのできる場合などをあげることができます。しかし，実際には，総称性の現れ方は私たちの現実世界に関する経験や知識によって大きく左右されるものであることから，上記のような言い換えが可能なケースのほかに，例えば most や generally, usually といった表現を用いて言い換えることのできる場合についても，総称性を表す例として容認されているようです。以下では，その対象が有界的な個体として認識される可算名詞の事例を取り上げ，総称性の問題について考えていきたいと思います。

　さて，可算名詞の場合，総称性の意味を表す形式としては，一般に「a＋名詞の単数形」，「名詞の複数形」，そして「the＋名詞の単数形」という3つのタイプが認められています。下の例は，総称性が最も顕著に現れやすい主語の位置に，bull terrier が入っている例です。

(9) *A bull terrier* makes an excellent watchdog.
(10) *Bull terriers* make excellent watchdogs.
(11) *The bull terrier* makes an excellent watchdog.
　　（ブルテリアは優秀な番犬になる）

いずれの文も，基本的には同じ内容を表していますが，表現形式が異なっているかぎり，その基礎となっている認知のあり方も互いに異なっていると考えた方がよいでしょう。まず，(9)の「a＋名詞の単数形」という形式が用いられている例は，次頁の

5・冠詞に関わる様々な問題

図のように，bull terrier という名称で呼ばれている犬の集合の中から1つだけ見本を代表例として取り出し，その見本をもとにして集合に属している成員の特性を全体的に直接推定しようというものです。

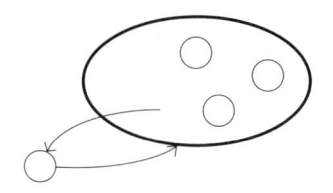

「a＋名詞の単数形」と認知のあり方

それに対して，(10)の「名詞の複数形」は，bull terrier と呼ばれている犬の集合の中から今度は複数の見本を代表例として取り出し，やはりそれらの見本をもとにして集合全体の特性を直接推定しようというものであると説明することができます。これを図示すれば，次のようになるでしょう。

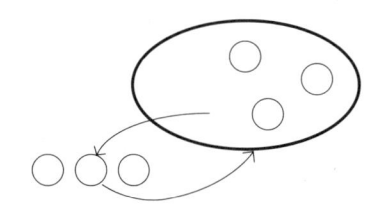

「名詞の複数形」と認知のあり方

他方，(11)の「the＋名詞の単数形」は，これらとはかなり異なる認知過程を経て得られる表現形式であると考えられます。すなわち，この形式は，bull terrier という名称で呼ばれている犬

の集合を頭に描いてはいますが、個々のメンバー間に見られる細かな差異を捨象した上で、その特徴を最もよく表すと思われる像、別の言い方をすれば、原型ないしはプロトタイプを作り上げることによって、集合全体の特性を間接的に推定するという手順をとるものです。これについては、次のように図示することができます。

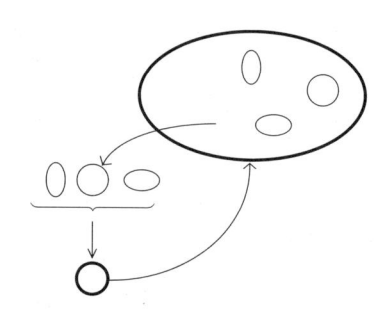

「the＋名詞の単数形」と認知のあり方

　総称的な意味を表すという点では、上で見た3つの形式はどれも同じ機能を果たしていると言えるかもしれません。しかし、総称表現として成立している基礎が異なっている以上、それらはニュアンスの差があるものとして見る必要があります。形式が異なれば、意味も異なるはずだからです。

　さて、総称文については、少なくとも以下に示す2つのレベルが存在すると考えられています。第1のレベルは、1つの個体だけから構成されることのない種（species）に対して集合的に言及することを意図したもので、例えば abound や extinct, numerous, widespread といった動詞もしくは形容詞を伴っているケースを指します。このレベルの総称文が有している大きな特徴は、「a＋名詞の単数形」という形式を用いた文は不適格と判

5・冠詞に関わる様々な問題

断される点です。

(12) **A tiger* is becoming almost extinct.
(13) *Tigers* are becoming almost extinct.
(14) *The tiger* is becoming almost extinct.
　　（トラはほとんど絶滅しつつある）

上例は，どれも extinct という形容詞が用いられていることからわかるように，種のレベルにおける総称性を表す文ですが，これら3つの文の中では，「a＋名詞の単数形」という形式をとっている (12) だけが非文法的な文となっています。この「a＋名詞の単数形」という形式が排除されているのは，種に対して集合的に言及するという話者の意図と，数詞 one を連想させる，つまり one member of the species を含意することになる不定冠詞 a との間に，相互に対立する関係が見てとれるからでしょう。第3章でも触れたように，現代英語においては，不定冠詞 a と数詞 one がそれぞれ果たしている機能はもはや完全に一致しているわけではありませんが，one の意味を連想させる力は依然として強く残っているようです。

　総称性を意味する第2のレベルは，主として恒常的状態や習慣を表すものです。184頁で見た bull terrier の例や下に掲げたような例が，それに相当します。

(15) *A beaver* builds dams.
(16) *Beavers* build dams.
(17) *The beaver* builds dams.
　　（ビーバーはダムを築く）

こうした習慣を表す文の場合，(15)のように，問題の名詞が表している対象の集合の中から1つだけ見本を代表例として取り出し，その集合が全体として持っている特性を推定する「a＋名詞の単数形」という形式も用いることができます。その理由はと言えば，このレベルの総称文が，種に対して集合的あるいは全体的に言及する第1のレベルの総称文とは異なり，「ビーバー」という動物がどのようなものであるのかを定義する文とほぼ同じ機能を果たしているからです。次に示した文は，(15)の文において省略されていたと考えられる部分をあえて復活させたものです。

(18) *A beaver* (is an animal that) builds dams.
 （ビーバーはダムを築く（動物だ））

ちなみに，最近の英英辞典は，語義を説明するのに，この「a＋名詞の単数形」という形を利用するものが増えています。

(19) *A beaver* is a furry animal which is rather like a large rat with a big flat tail. *Beavers* live partly on land and partly in streams, where they make ponds by building dams.
 （ビーバーは大きな平たい尾を持った大型のねずみのような動物で，柔毛で覆われている。ビーバーは地上で暮らしたり，小川で暮らしたりしており，ダムを築くことによって池を作る）

上例は *COBUILD* からの引用ですが，基本的な定義は A beaver ではじまる形式によって提示されています。後半の部分では，

5・冠詞に関わる様々な問題

Beavers という「名詞の複数形」が用いられていますが、これは動詞 live が、どちらかと言えば、種のレベルにおける総称性を表現することを要求するものであるため、one member of the species を含意する不定冠詞 a の使用が避けられた結果であると理解してよいでしょう。

　もっとも、これとは反対に、「a＋名詞の単数形」という形式が好まれる場合もあります。例えば、「番犬を（1匹）飼おうと思うが、どのような種類の犬がよいか」ということを話し合っている場面での発話としては、184頁で見た3つの総称文のうち、(9)の不定冠詞を伴った a bull terrier という形が最も適当であるとされています。こちらの方は、「a＋名詞の単数形」が聞き手に one の意味を連想させてしまうという点を、うまく逆手に取って利用したものと言えるでしょう。

　なお、日常会話などでは、「a＋名詞の単数形」よりも「名詞の複数形」という形式の方がよく使用されます。その理由は、複数の見本から集合全体の特性を推定するという方法をとる認知様式（「名詞の複数形」）の方が、1つの見本から特性を推定する認知様式（「a＋名詞の単数形」）に比べて、正しい姿を見出しうる確率が高くなるからであると思われます。「名詞の複数形」という形式は、総称表現としてかなり大きな安定性を有しているようです。

▶ the の持つ対比する力

　すでに見たように、「a＋名詞の単数形」および「名詞の複数形」が、1つまたは複数の見本から全体の特性を直接推定する総称表現であったのに対して、「the＋名詞の単数形」の方は、いくつかの見本から抽象的な存在としてのプロトタイプを作り上げる

ことによって，全体の特性を間接的に推定する総称表現でした。この「the＋名詞の単数形」というプロトタイプを表す形式は，問題となっている名詞の上位語を念頭に置いた上で，その上位語のカテゴリーに属する対立的な下位項目を提示しようという場合，すなわち下位項目間の対比を示そうというときに，しばしば用いられます。

　少し抽象的な説明になってしまいましたので，具体例を見ながら考えていきましょう。

(20) *The cheetah* is the fastest of all the animals.
　　（チータはすべての動物の中で最も速い）
(21) *The flamingo* is more famous than any other bird there.
　　（そこでは，フラミンゴは他のいかなる動物よりもよく知られている）

これらの例の場合，上位語が of all the animals あるいは than any other bird という形で明示的に述べられています。the が用いられているのは，そうした上位語が表しているカテゴリーに属する他の動物や鳥との対比が強く意識されているからでしょう。(20)については，例えば leopard などとの対比を表すものとして，また (21)の場合であれば，pelican などとの対比を表すものとして解釈することが可能です。

　対比の問題に関しては，さらに「the＋名詞の単数形」と「a＋名詞の単数形」という2つの総称表現を比較することによって，両者の違いをなお一層明確にすることができます。

5・冠詞に関わる様々な問題

(22) *The poem* should be read in silence, not the play.

(23) *A poem* should be read in silence, not a play.

(詩は黙読されるべきだが，劇はそうではない)

(24) *A poem* should be read in silence, not declaimed.

(25) *The poem* should be read in silence, not declaimed.

(詩は黙読されるべきであり，朗読されるべきではない)

(22)と(23)の場合，上位語である literature の下位分類に属している poem と play という項目を対比する文としては，定冠詞 the を伴っている(22)の方が，不定冠詞を伴っている (23)よりも，通例，容認度が高く，自然な文であると考えられています。他方，後者の「詩」はどう読まれるべきかということを述べた文の場合は，(24)の不定冠詞を伴っている例の方が，(25)の定冠詞を伴っている例よりも容認度が高いと言われています。「a＋名詞の単数形」という形式が好まれるのは，この文がある種の定義文のような役割を果たすものだからでしょう。

総称表現において，the の持っている対比する力がいったいどこから生じてくるのかという点については，必ずしも判然としているわけではありません。しかし，「the＋名詞の単数形」という形式の総称文が，「a＋名詞の単数形」や「名詞の複数形」のように1つあるいは複数の見本を抽出して確率論的に種の全体的な特性を直接推定するという過程を経るのではなく，差異を切り捨てた上で，プロトタイプを作り上げていくことによって種全体を表現しようとするものであるならば，こうしたプロトタイプをわざわざ措定するのは，他の種の存在ないしはそれとの差異をあえて際立たせることが意図されているからではないでしょうか。「the＋名詞の単数形」という形式による総称文は，百科事典や専

門書などでよく用いられますが，この形式がプロトタイプという純粋な存在同士の対比を目指したものであるならば，そうした傾向が見られるのも十分に納得のいくことです。

　ただし，the を伴っているからといって，すべての例が対比というニュアンスを醸し出しているわけではありません。当然のことながら，それは総称的な意味を表している文だけに限られます。次の2つの文を比べてみて下さい。

(26) *The telephone* was invented by Alexander Bell.
　　（電話はアレクサンダー・ベルによって発明された）
(27) *The telephone* is ringing.
　　（電話が鳴っている）

上例においては，どちらも telephone という名詞の前に定冠詞が付けられていますが，総称性の意味を表しているのは (26) の方だけです。この例の場合，machine という上位語を前提とした上で，telegram や fax などとの対比が意図されていると考えてよいでしょう。他方，(27) の telephone の前に用いられている定冠詞は，前章で見た外界照応的用法の the で，聞き手にもどれであるのかわかっている「（その）電話」を指すものであって，これを総称的用法と呼ぶことはできません。したがって，後者の場合，対比する力はまったく感じられません。

▶プロトタイプとスキーマ

　上述のように，総称的な意味を表す3つの形式の1つである「the＋名詞の単数形」は，「a＋名詞の単数形」や「名詞の複数形」といった形式をとる総称表現とは性格を大きく異にしていま

5・冠詞に関わる様々な問題

した。この点については，もう少し説明を加えておきたいと思います。まず，下の文を比較して下さい。

(28) *A motor-car* is a practical means of conveyance.
(29) *The motor-car* is a practical means of conveyance.
　　（自動車は実用的な輸送手段である）

(28)の不定冠詞 a を伴った motor-car は，この名詞が表している対象の集合の中から1つだけ見本を代表例として取り出し，集合全体の特性を直接推定しようというものです。それに対して，(29)の定冠詞 the を付与された motor-car が表しているのは，個体間に見られる細かな差異を捨象した上で得られるいくぶん抽象的な存在であり，集合の成員としての特徴を最も典型的に備えたいわばプロトタイプを表しています。

しかし，このプロトタイプは，成員間の細かな差異が捨象されてはいますが，抽象化の程度はさほど高くなく，依然として有界的な個体としての「自動車」が意識されているように思われます。というのは，認知のあり方として，プロトタイプよりもさらに抽象化の進んだレベル，つまり認知文法の提唱者である Ronald Langacker がスキーマ（schema）と呼んでいるレベルが存在するからです。Langacker の言うスキーマとは，少し硬い表現になりますが，様々な個別具体的な事例に多く接することによって経験的に引き出される知識の抽象的な規定，あるいは個々のメンバーに共通する性質を表す統合的な構造を指します。

ここで重要だと思われるのは，高度に抽象的な存在であるスキーマには，具体的な対象を指示するという機能が備わっておらず，したがってスキーマであることを意味する場合は，本来，有

界的な存在として認識され可算名詞の形で言語化されるものであっても，不可算名詞の形が用いられるという点です。次に掲げた(30)は，そうした例の1つです。

 (30) *Car* is the best mode of transport.
  （自動車は最高の輸送形態だ）

上例において，Carという不可算名詞の形が用いられているのは，話者の関心が具体的な形態を持った「自動車」にはもはや置かれておらず，「自動車」が提供する機能や用途といった側面へと移ってしまっているからであると言ってよいでしょう。つまり，抽象度の極めて高いスキーマを表しているということです。
 このように，プロトタイプとスキーマとは，抽象度のレベルにおいて大きな差が見られるものです。しかし，どちらも総称的な意味を表すための装置であるという点では共通しています。私たちは言語を習得する過程において，「自動車」をはじめとする様々な概念を形成していきますが，それが可能なのは，個体間に見られる細かな差異を捨象した上で得られるやや抽象的な存在としてのプロトタイプと，様々な物事に関する豊かな経験から引き出された知識を高度に抽象化したものであるスキーマという2つの力を借りることによってであると考えられます。そうした意味では，プロトタイプとスキーマとは互いに相容れないものではなく，Langackerも言うように，概念化ないしはカテゴリー化という現象の異なる側面を別々にとらえた，いわば相互補完的な認知のあり方を示すものとして見るべきでしょう。

5・冠詞に関わる様々な問題

3．定冠詞による領域の限定

▶空間的な領域の限定

　現代英語においては，定冠詞の the は機能語として分類されていますが，外部世界である場面への指示力は，外界照応という形で依然として色濃く残っています。例えば，「東西南北」といった方角や，「前後」，「左右」といった方向などを意味する名詞とともに用いられた場合，the は全体としてとらえられる空間を分割した上で，問題の領域を部分として強く限定する機能を果たしています。以下では，具体例を示しながら，空間的な領域の限定とはどのようなものなのかを見ていきましょう。最初は，方角を表す例からです。

　(31) Which way is *east*?
　　　(どちらの方角が東ですか)
　(32) The sun rises in *the east* and sets in the west.
　　　(太陽は東から昇り，西に沈む)

説明の順序は逆になりますが，(32)において，east の前に定冠詞 the が用いられているのは，次頁の図に示したように，全体としての空間をまず「東西南北」という4つの部分に分割し，その上で「東」という領域を強く限定的に指示しようとしているからであると思われます。この図を念頭に置きながら，(32)の例を再度検討してみると，the east は「東」の方角にある一定の分割された領域を表現したものであり，「東の方」(the eastern part)ないしは「東にある空間」といった意味を表しているだけで，完全に「真東」を指しているわけではないことがわかります。事

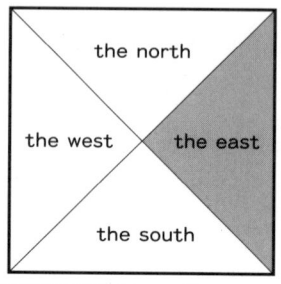

空間的な領域の限定──the east の事例

実，太陽はつねに真東から昇るわけではありません。また，「東」という領域を限定する前段階として，空間全体を分割するという認知活動が含まれていることから，他の領域との対比がある程度意識されているようです。

この the east を大文字で the East と表記すれば，「東側」，「東部」あるいは「東洋」といった一定の広がりを持った地域をやはり指すことになります。ただし，the East という表現を用いた場合，正反対の地域である the West のみが対比すべき領域として意識され，the South や the North に対する意識は話者の頭から欠落している可能性があります。したがって，他の方角との対比が感じられるとするならば，それは「西側」，「西部」あるいは「西洋」といった領域との間の対比ということになり，次頁の図に示したような形で空間の分割と限定が行なわれていると解釈することができます。

それに対して，(31)の場合，east には定冠詞 the が付されていません。これは，(32)の例とは異なり，全体としてとらえられる空間を分割し，その一部を限定的に指示するという意識が働いていないからであり，裸で用いられた east は曖昧な形で示された「東の方」ではなく，まさに基本方位としての「真東」を表し

5・冠詞に関わる様々な問題

空間的な領域の限定――the East の事例

ています。実際,(31)の文は「東という方位はどちらの方向か」といった内容を尋ねるものであって,「東にある空間」を指すものではありません。

続いて,「前後」を意味するケースとして,まずは front という名詞から見ていくことにしましょう。この名詞を含んでいる下の2つの文は,領域の限定を表す the を伴っているかどうかによって,話者が考えている位置関係がまったく変わってしまう非常に興味深い例です。

(33) A van was parked right *in front of* my car.
(私の車の前にバンが駐車してあった)
(34) I prefer to travel *in the front of* the car.
(私は車の前の座席に乗るのが好きだ)

(33)の文では,一般にイディオムと考えられている in front of が用いられています。the が使われていないのは,「車」の内部空間を分割するものではなく,「車の前に」という外の位置関係を表現したものだからです。他方,in the front of という句を含んだ (34)の文は,「前の座席(=助手席)に乗るのが好きだ」と

「前に」と「前部に」

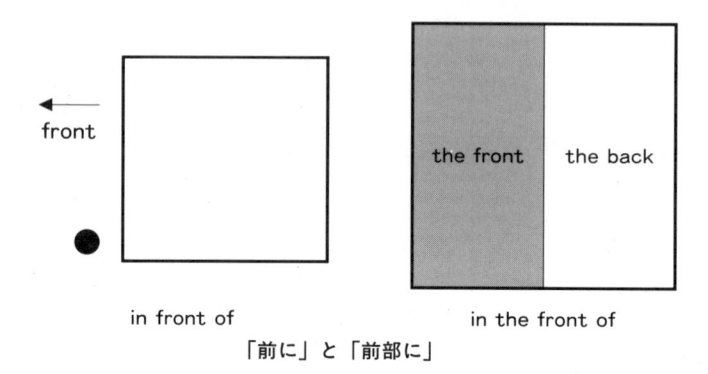

いった意味を表しています。この場合，the を用いることによって，「車」の内部空間を分割し，その上で「前部」を指示しています。上に掲げた図は，in front of と in the front of の間に見られる位置関係の違いを示したものです（ただし，in the front of については，「前部」対「後部」という形での分割のみを図示しました）。

こうした空間の分割と領域の限定に関わる区別は，上記の front と意味的に対立する back という名詞を含んだ事例にも適用されます。

(35) The garage is *in back of* the house.
（ガレージは家の後ろにある）
(36) Three people can sit *in the back of* this car.
（この車の後部座席には3人座れる）

(35)はアメリカ英語の事例ですが，この例の場合，「家の後ろ」を意味しているだけで，「家」の内部空間を分割した上で，ある一定の領域を限定しようという意識は働いていません。定冠詞

5・冠詞に関わる様々な問題

the を伴わない in back of が用いられているのは，そのためです。他方，(36)の例は，「車」の内部空間を分割し，その上で「後部」を限定的に指示しようというものであることから，定冠詞を含んだ in the back of が用いられています。

ただし，イギリス英語で，at the back of という表現に出会ったときには，少し気をつける必要があるでしょう。というのは，この表現は，空間を分割した上で，問題となっている領域を限定している場合と，そうでない場合の2通りの位置関係を表しうるからです。

(37) We sat *at the back of* the bus.
　　（私たちはバスの後ろの方の席に座った）
(38) I found my tennis racket *at the back of* the cupboard.
　　（食器棚の後ろにテニスのラケットがあるのを見つけた）
(39) There's a garden *at the back of* / (AmE) *in back of* the house.
　　（その家の裏に庭がある）

(37)の例は，「バス」の内部空間を分割した上で，「後部」を限定的に指示していることを表現したものですが，原則通りに，the が使用されています。ところが，(38)の場合，同じ at the back of という表現が使われているにもかかわらず，空間の分割と領域の限定が行なわれていないため，「食器棚の後ろ側に」という意味になっています。これは，(39)の例が示しているように，空間の分割と領域の限定が行なわれていない場合，アメリカ英語では，(35)と同様，in back of という原則にしたがった表現が用いられるのに対して，イギリス英語では，(38)と同様，at the back of という定冠詞を含んだ変則的な形式が使われるからです。食器棚の中にテニスのラケットはおそらく入らないでしょうから、常識的な判断を下すことができるかぎり、とんでもない誤解をしてしまうということはないかもしれませんが、一応注意しておいた方がよいでしょう。

空間の分割と領域の限定を表す事例としては、さらに「左右」を意味する表現がありますが、進行方向を向いたときに「右側」かそれとも「左側」かということを表現している場合、定冠詞 the の使用は義務的です。

(40) Keep to *the right*!
    （右側通行！）
(41) In Britain cars are driven on *the left*.
    （英国では、自動車は左側を走る）

これらの例において the が用いられているのは、全体としてとらえられる空間が「左右」という2つの部分へと大きく分割された上で、それぞれの領域が強く限定されているからです。

▶時間的な領域の限定

以上のような空間的な領域の限定は、2次元ないしは3次元の世界で行なわれるものですが、比喩的な拡張を図ることによって、時間的な領域の限定という1次元の世界へ転換することも可能です。これは、直線の形で表現される時間軸を分割し、その上で当該の領域を強く限定することを意味するもので、例えば「現在」、「過去」、「未来」や「春夏秋冬」といった表現に定冠詞 the が付されることがあるのは、こうした原理に基づいています。

5・冠詞に関わる様々な問題

まずは,「現在」,「過去」,「未来」というケースから見ていくことにしましょう。

(42) The play is set *in the present*.
(その劇は現在を舞台にしている)

(43) *In the past,* he wrote with a pen; now he uses a computer.
(以前彼はペンで書いていたが,今はコンピューターを使っている)

(44) Who knows what will happen *in the future*?
(未来に何が起こるかは誰にもわからない)

これらの例は,いずれも the を伴っていることから,時間軸を3つに分割した上で,それぞれ「現在」,「過去」,「未来」という一定の幅を持った時間的な領域を強く限定しているものと考えられます。下図は,(42)の the present が表現している領域を描いたものです。

| the past | the present | the future |

時間的な領域の限定――the present の事例

こうした表現は,時間軸の分割に基づいているため,空間的な領域を限定している場合と同様,他の時間枠との対比がある程度意識されているようです。偶然かもしれませんが,(43)の例は,少なくとも「現在」と「過去」が対立的な関係にあるものとしてとらえられています。

これらの事例に対して,次の (45) および (46) のように,the

を伴っていない表現については，どういった説明が可能でしょうか。

(45) She's busy *at present* and can't speak to you.
（彼女は現在手がふさがっていますので，お話できません）
(46) Please be more punctual *in future*.
（今後はもっと時間を守って下さい）

上例の場合，時間軸を分割した上で，問題となっている領域を限定的に指示しようという意識がないために，定冠詞の使用が避けられていると解釈できます。すなわち，(45)が意味している「現在」は，時間的な幅を持ったものとして認識されているのではなく，単なる点としてとらえられているにすぎないということです。また，(46)の場合，アメリカ英語では in the future という定冠詞つきの形が一般に用いられますが，少なくともイギリス英語では「今後は」(from now on) という意味を表しているだけで，他の時間枠との対比は意図されていないようです。

ちなみに，「現在」，「過去」，「未来」がどういった性格を持ったものなのかを記述的に表現しようという場合には，有界的な存在としてとらえた上で，不定冠詞を使用することができます。

(47) He has *a great future* ahead of him as an actor.
（彼には俳優として前途にすばらしい未来がある）

形容詞 great を伴った上記の例は，「すばらしい未来」という意味を表していますが，これについては，第2章において議論した

5・冠詞に関わる様々な問題

a kind / type of という有界性に関わる判断基準にしたがって,不定冠詞が付けられていると解釈することができます。ただし,この例の場合,時間軸の分割と領域の限定を表す the を伴っていないわけですから,「現在」や「過去」との対比は意識されていないと考えるべきでしょう。

続いて,「春夏秋冬」という季節を表す場合について見ていきましょう。なるほど,季節とは1年という時間を単純に4つに分割したものですから,一般に「暦上の期間」(calendar time) を意味するものとしてとらえられます。しかし,それとは別の形での認識のしかた,つまり「季節の気候」(seasonal climate) を表している場合もあります。

(48) *Winter*'s a depressing season.
 (冬は憂鬱な季節だ)
(49) In *the winter* the nights are long and cold.
 (冬は夜が長く寒い)
(50) I like *(the) winter* best.
 (私は冬が一番好きだ)
(51) Are you going to visit Europe during *the winter*?
 (この冬にヨーロッパを訪れる予定ですか)

いずれの例も「冬」を意味していることに変わりはありませんが,(48)において,Winter が定冠詞を伴わない形で言語化されているのは,それが非有界的な状態としてとらえられた「季節の気候としての冬」(寒い,日が短いなど) を表しているからでしょう。ただし,この例のように,不可算名詞の形が用いられた場合,境界線が意識されない,したがって浸り切っていて抜け出す

ことが容易でない状態としての「冬」を意味するため，他の季節との対比はあまり感じられません。それに対して，(49)の例では，winter に定冠詞が付されていますが，これは1年を分割した上で，「冬」という時間的な領域を限定するものであり，「暦上の期間としての冬」を意味していると考えられます。もう少し説明を付け加えるならば，他の季節とは時間的に区別される「冬」という時期を表すものであり，「春」，「夏」，「秋」という他の季節との対比がある程度意識されています。

(50)の例も，定冠詞の有無によって，上で見たような「冬の期間」と「冬の気候」というニュアンスの差が現れていると解釈することが，とりあえずは可能でしょう。もっとも，アメリカ英語では，季節名の前に the を用いる傾向が強いことから，イギリス英語かアメリカ英語かという違いによって，the を使用すべきかどうかが決定されているという可能性もあります。したがって，季節か時期かという問題を考える前に，どの国で使われている英語なのかという点をも考慮に入れた上で，意味をとる必要があるでしょう。

また，the winter という表現は，任意の1年を4分割した「暦上の期間としての冬」を意味するだけでなく，聞き手が唯一的に同定していると話者が判断している特定の「冬」を意味する場合もあります。(51)における the winter は，毎年巡ってくる「冬」という季節のうち，いずれの年の「冬」でも構わないわけではなく，まさにこれからやってくる特定の「冬」を意味するものです。したがって，この場合，winter の前に付けられた the を省略することはできません。

今度は，winter という名詞の後に前置詞句を伴っている例を見ていきたいと思います。次に掲げた例の間に見られる冠詞およ

5・冠詞に関わる様々な問題

び単数・複数の使い分けについては，どのように説明したらよいでしょうか。

(52) *Winter* in 1963 was not cold like this winter.
　　（1963年の冬は今年の冬のようには寒くなかった）
(53) *The winter* of 1963 was an exciting time.
　　（1963年の冬は刺激的な季節であった）
(54) *The winters* in Wyoming are very cold.
　　（ワイオミングの冬はとても寒い）

これまでの議論にしたがうならば，(52)については，「1963年の冬の気候」を意味するものとして解釈することができるでしょう。(53)ではwinterの前に定冠詞が付けられていますが，これは「1963年」を時間的に4分割した「暦上の期間としての冬」を表しているからであるという解釈が一応可能です。しかし，それと同時に，後方照応的用法の定冠詞として機能していると見ることもできます。ただし，その場合には，1963年の他の季節との間ではなく，他の年の「冬」との間で対比がなされているものとして解釈されることになるでしょう。他方，(54)の場合，winterが複数形で用いられていますが，おそらくこれは毎年巡ってくる「暦上の期間としての冬」を1つ1つ足した結果を表現しようというものだからであり，さらにそうした「暦上の期間としての冬」を全体として包括的に指しているがゆえに，theが使用されていると考えられます（この「the＋名詞の複数形」という形については，後で総和というところで検討するつもりです）。

　ところで，季節名は数詞や不定冠詞を伴って可算名詞の形で用いられている事例をしばしば見かけます。

(55) *Two winters* ago, as Taylor tried desperately to revive his career, he spent *a winter* in the Aussie outback playing for a little-known team called North Kalgoorlie.
(ふた冬前,テイラーは復活を遂げようと必死になり,ノースカルグーリーというほとんど知られていないチームでプレーをするために,オーストラリア奥地でひと冬を過ごした)

(56) It's been *a surprisingly mild winter.*
(驚くほど穏やかな冬であった)

(55)の文頭にある Two winters は,第2章で提起した a period of という有界性に関わる判断基準にしたがって,時間的に区切りのある存在としてとらえられているために,可算名詞の形をとっています(同じ文中の a winter も同様です)。日本語で「ひと冬」,「ふた冬」といった表現が使われることがありますが,英語でも季節を1つ,2つと数えることはふつうに行なわれているのです。これに対して,(56)の例は a kind / type of という判断基準にしたがったもので,どのような「冬」であるのかを記述する機能を果たしています。

▶能動と受動

以上のように,定冠詞 the には,全体としての空間や時間軸を分割し,その上で問題となっている領域を強く限定するという力が備わっています。これとは直接的な関係はないかもしれませんが,定冠詞を付けるかどうかによって,能動態と受動態という機能面での交替が見られる興味深いケースがあります。まずは,次

5・冠詞に関わる様々な問題

の2つの文を比較してみましょう。

(57) He was left *in charge of* the shop while the manager was away.
（支配人が留守の間，彼はその店をまかされた）

(58) The five children had been left *in the charge of* a teenage girl.
（その5人の子供たちの世話は10代の女の子にまかされていた）

どちらも，be 動詞＋left という形が用いられているため，全体としては受動態の文であることは確かですが，(57)の文において，in charge of という表現に注目するならば，実際には「彼が店を管理した」という能動態に相当する機能を果たしていることがわかります。それに対して，定冠詞付きの in the charge of が用いられている (58)の方は，「その5人の子供たちは10代の女の子による世話を受けた」という意味を表しており，受動態に相当する文として解釈されるものです。

197頁で見た(34)の I prefer to travel in the front of the car. という文をもう1度振り返ってみると，in the front of という表現は「車」の内部空間を分割し，その上で当該の領域である「前部」を強く限定するものであり，主語である I つまり話者が the car の「前部」に位置しているということを表していたのでした。(58)の in the charge of の場合，空間の分割とは言えないとしても，この前置詞句の目的語である a teenage girl が支配している空間領域を強く限定し，その領域の中に文全体の主語である The five children が位置していることを表すものとして，やは

```
X → N → Y
  (vt)
```

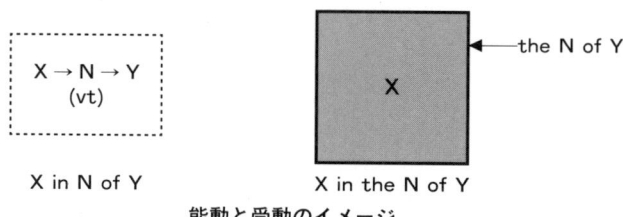

X in N of Y   X in the N of Y   ← the N of Y

能動と受動のイメージ

りとらえることができるのではないでしょうか。a teenage girl が管理している領域内に，The five children が入っているということは，その支配を受けていることを通例意味するわけですから，in the charge of という表現は受動態に相当する機能を果たしていることになるはずです。

　in charge of と in the charge of という表現が，それぞれ表している能動と受動のイメージを，X in N of Y, X in the N of Y というやや抽象的な形で描いてみるならば，おそらく上図のようになるでしょう。X in N of Y が能動態と同じ機能を果たしているのは，X と Y の間に名詞 N が介在し，他動詞のような働きをしているからであるのに対して，X in the N of Y が受動態の働きをしているのは，X が the N of Y という領域の中に位置しており，その支配ないしは影響を受けているからです。

　こうした考え方を採用することによって，能動と受動の関係を説明することが可能な例として，さらに in control of と in the control of という表現をあげることができます。

(59) Enemy forces are *in control of* the city.
　　（敵軍はその町を支配下に置いている）
(60) The city is *in the control of* enemy forces.
　　（その町は敵軍の支配下に置かれている）

5・冠詞に関わる様々な問題

in control of という表現が用いられている(59)の例は，主語の位置にある Enemy forces が行為者として the city を支配していることを表すもので，能動態の文と同じ機能を果たしています。ところが，in the control of という定冠詞付きの表現を含んだ(60)の文は，The city が enemy forces によって支配されている領域に存在することを意味するものであり，これはまさに (59) の例を受動態に直した文であると言えます。

このように，ある種の表現の場合，定冠詞が付与されるだけで，能動態から受動態へと全体の構造が変化してしまう現象が見られます。以下に，そうした例をいくつかあげておきましょう。

(61) My solicitor is *in possession of* all the relevant facts.
（私の事務弁護士は関連する事実をすべて手にしている）

(62) They now are *in the possession of* the police.
（彼らは今や警察の手中にある）

(63) The ship sank when they were *in sight of* land.
（その船が沈んだのは，陸が見えていたときであった）

(64) All men and women are equal *in the sight of* God.
（神から見れば，すべての男女は平等である）

(65) *In view of* the worsening weather perhaps we should wait till tomorrow.
（天候の悪化を考慮に入れるならば，われわれは明日まで待つべきであろう）

(66) *In the view of* the Court the sentence was too lenient.
（裁判所からすれば，その判決はあまりにも寛大であった）

日本語訳から容易に推測されるように，定冠詞を伴わない方は能動態に相当する文として，また定冠詞を伴っている方は受動態に相当する文として解釈することができます。

4．固有名の問題

▶固有名とメトニミー

　これまでの議論においては，具体的な用例として，一般に普通名詞と呼ばれている語を中心に扱い，いわゆる固有名については，原則として，考察の対象から外してきました。こうした扱いは，固有名に冠詞が付けられることがまったくないのであれば，それなりの妥当性はあると言ってよいでしょう。しかし，事実はそうではなく，しばしば冠詞を伴った形で登場します。そこで，ここからは，冠詞との関係で固有名が示す興味深い現象について見ていくことにしたいと思います。

　さて，固有名が果たしている最も重要な機能は，社会的な言語慣習上の取り決めに基づいて対象を唯一的に直接指示することにあります。したがって，そのような機能を果たしているかぎりは，ほかにも指示対象が存在することを含意してしまう不定冠詞を伴うことはありません。しかし，本来の対象を唯一的に指示するという機能を果たさなくなったときには，固有名は普通名詞化し，場合によっては，不定冠詞を伴ったりすることがあります。まずは，次に示した2つの文を見てください。

(67) *Sony* has more than 500 PlayStation titles in the U.S. alone.
　　（ソニーはアメリカだけで500を超えるプレイステーショ

5・冠詞に関わる様々な問題

ン向けソフトを有している)
(68) It's *a Sony.*
　　(ソニー製です)

(67)において、冠詞を伴わずに用いられている Sony という固有名は、主に電子機器を製造している「企業としてのソニー」すなわち Sony Corporation を指しています。それに対して、(68)の例は以前にコマーシャルとして流されていたものであり、その中の a Sony は「企業としてのソニー」ではなく「ソニーの製品」を意味していることはすでにご存じの通りです。

　独自の名称をもった存在として社会的に認められている対象を唯一的に直接指示するのではなく、本来の指示対象と隣り合わせの関係にある様々な存在を指示するような言葉のあやを、認知言語学ではメトニミー (metonymy) と呼んでいます。(68)の a Sony は、「生産者－製品」という関係を表すメトニミーの例であり、a product manufactured by Sony のような回りくどい迂言的な表現を用いずに、その生産者の名前すなわち企業名である Sony に不定冠詞 a を付けることによって、「ソニーの製品」を表そうとしたものです。このような現象が生じる最大の理由は、メトニミーを利用することで、具体的な意味内容をわざわざ微に入り細に入り表現しないで済むからであり、そこには言語の経済性をできるだけ高めようという力が働いています。

　メトニミーには、上で見た「生産者－製品」という関係だけでなく、様々なケースが考えられますが、固有名が普通名詞化する代表的な例としては、次のような「作者－作品」という関係をあげることができるでしょう。

(69) This painting is *a Rembrandt.*
　　（この絵はレンブラントが描いたものです）

上例の a Rembrandt は,「レンブラント」本人ではなく,「レンブラントの描いた絵」をもちろん意味しています。

　ただし,「作者−作品」というメトニミーではあっても, 固有名が完全に普通名詞化し不定冠詞をとることができるのは, 絵画や彫刻といった狭義の芸術作品を, 作者の名前をもって表現するようなケースに限られています。そのため, 例えば「作者−作品」のメトニミーが文学作品についての場合, 固有名は作者を直接指示していないにもかかわらず, 不定冠詞を伴う形で普通名詞化することは極めて稀なようです。次に掲げた例において, Shakespeare は「シェークスピア」という誰もが知っている作家自身ではなく, 物理的な意味での「シェークスピアの本」を指していますが, 普通名詞化せず不定冠詞をとっていない点に注意して下さい。

(70) *Shakespeare* takes up five feet of Dale's bookshelves.
　　（シェークスピアはデールの本棚の5フィート分を占めている）

このように不定冠詞を伴わずにメトニミーとして機能している固有名は, かなり頻繁に見られるだけでなく, その種類も非常に多様です。ここでは, そうした例をいくつか見ていきましょう。まずは, IBM という企業名が用いられている例からです。

(71) I bought *IBM* at 100.

5・冠詞に関わる様々な問題

(IBMの株を100ドルで買った)
(72) *IBM* was held up in traffic.
(IBMの人は渋滞で遅れた)

どちらも不定冠詞を伴っていませんが,「企業としてのIBM」すなわち「IBM社」を直接指示しているわけではありません。しかし,指示している対象はそれぞれ異なっており,(71)は「IBMの株」を,また(72)は「IBMの人」を指しています。前述したように,メトニミーは言語の経済性を高める働きをしていることから,英語では「の株」あるいは「の人」という部分をあえて言語化しなくても,それらを表現することができるようになっています。もっとも,日本語においても事情は同じであり,場面の設定が適切で,かつ意味の復元あるいは再構築が可能でさえあれば,「の株」や「の人」という部分を省略したとしても,十分に話は通じるはずです。

今度は,都市名によってそれと関連のある対象を指示しようとしている例をあげてみましょう。

(73) *Washington* is insensitive to the needs of the people.
(ワシントンは国民の要求に対して思いやりがない)
(74) *Chicago* beat *Dallas*, 44-0.
(シカゴはダラスを44対0で破った)

(73)は「都市－機関」というメトニミーで,Washingtonは「都市としてのワシントン」自体を指しているのではなく,「ワシントンにある政府機関」すなわちthe U.S. governmentを指しています。同様に,(74)のChicagoおよびDallasは「都市としての

シカゴ（あるいはダラス）」を指してはいません。この場合，「シカゴ（あるいはダラス）に本拠地を置くフットボール・チーム」を指すものとして解釈する必要があります（97頁で見た Leeds という例も，このメトニミーに基づくものです）。

▶固有名とシネクドキ

　前項で見たメトニミーが近接的な関係に基づく言葉のあやを表していたのに対して，ここで検討するシネクドキ（synecdoche）は「種－類」という類似性に基づいた転義法を意味するものです（シネクドキはメトニミーの一部であるという考え方もありますが，本書では両者を一応区別して考えたいと思います）。固有名がシネクドキとして使用されるケースとしては，1つには，問題となっている特徴を典型的に備えている地名や人名などが種となり，そこからより一般的な事物である類への転換が図られ，結果として，種をもって類を表す場合があげられます。ただし，その場合には，固有名は本来の指示対象を唯一的に直接指示する機能を失い，他の類似した対象を指すことになります。

　少し話が込み入ってきたようですので，早速，具体例を見ていくことにしましょう。

(75) Now *Hiroshima* has declared that it will be a city of lasting peace.
（広島は恒久平和都市になることを宣言した）
(76) *No more Hiroshimas.*
（広島のような悲劇はもういらない）

(75)における Hiroshima は，「広島市」自体を唯一的に直接指示

5・冠詞に関わる様々な問題

するものであることは言うまでもありません。しかし，(76)の例では，複数であることを表す文法標識-sが付けられ，Hiroshimasという形をとっています。もちろん，「広島市」が複数存在するというのは意味的に見ておかしなことですから，この例は「広島市」そのものを指していると考えるのは適当ではないでしょう。では，いったい何を表しているのかと言えば，Hiroshimasというのはシネクドキとして用いられた表現であり，「かつての広島市のように，原爆によって破壊される可能性のある複数の都市」を意味しています。この場合，「広島市」は種ないしは原型の役割を果たしており，それが持っている様々な特徴のうち，被爆した経験を持つという側面に焦点が当てられ，Hiroshimasというシネクドキの形をとることによって，「原爆によって破壊される可能性のある複数の都市」を類として表現しようとしているのです。

日本語によるスローガンでは，通例，「ノーモア・ヒロシマ」といった具合に複数形をとらずに用いられるため，このHiroshimasが何を表しているのかほとんど意識されることはありません。しかし，英語では，HiroshimaとHiroshimasとはまったく異なるものを表しているという点は銘記されねばなりません。もし，「ノーモア・ヒロシマ」をそのまま英語に直して，No more Hiroshimaとしてしまうと，「広島市を抹消せよ」というとんでもない意味を表すことになりかねないので十分に気をつける必要があります。

次の(77)も地名が普通名詞化した例であり，本来の指示対象を唯一的に指示するという機能はまったく失われています。

(77) In the 1800s rich people went to *European spas* to help

cure muscle pain.
(1800年代に，裕福な人たちは筋肉の痛みを癒すためにヨーロッパの温泉へ行った)

元来，Spa はベルギー東部にある鉱泉で有名な保養地を指していましたが，シネクドキを通して普通名詞化し，「温泉（一般）」を意味するようになりました。当然のことながら，Spa という土地は温泉地であるという以外にも様々な特徴を有していたはずですが，温泉地という特徴のみに焦点が当てられ，それを典型的に備えているということが，種としての役割を担う資格となったようです。上の例では，spa という小文字で始まる普通名詞へと変化し（しかも，複数形をとっています），固有名であることを完全に放棄している点にも注目して下さい。そこには，固有名から普通名詞への転換が示す究極の姿を見ることができます。

このような「種－類」という類似性に基づく一般化のシネクドキは，さらに次の例のように，ある個人の特徴を別の人に適用しようというときにも見られます。

(78) You'll never be *a Marilyn Monroe*.
(あなたはマリリン・モンローのようにはけっしてなれない)

この例の場合，「マリリン・モンロー」本人を種とし，a woman like Marilyn Monroe すなわち「マリリン・モンローのような資質を持った人」を類とするシネクドキであるために，Marilyn Monroe は普通名詞化し不定冠詞 a が付されています。

固有名がシネクドキとして用いられるようになるもう1つのパ

5・冠詞に関わる様々な問題

ターンとしては，元々の製品を開発した（あるいは生産者として一番よく知られている）企業の名前が種となり，そこからより一般的な事物である類への転換が図られるケースをあげることができます。ただし，英語の固有名との関連で言えば，いきなりシネクドキが生じていると考えるよりも，前段階にメトニミーがあって，それに続いてシネクドキが生じていると仮定した方がよさそうです。

(79) We bought *a new Xerox* at 7,000 dollars.
(7,000ドルで新しいゼロックス社製のコピー機を買った)
(80) I made *a Xerox* of my report.
(私は自分のレポートをコピーした)

(79)の文において，不定冠詞を伴っている a new Xerox は普通名詞として用いられているという点にまず注意して下さい。その上で，a new Xerox の意味を解釈してみるならば，一義的には「ゼロックス社製の新しいコピー機」を指示対象とするものであり，生産者である Xerox という企業名を普通名詞化することによって，その製品を表現しようとした「生産者－製品」という通常のメトニミーに基づく事例であると言うことができるでしょう。

しかし，ご承知のように，現在では「他社製のコピー機」についても，a Xerox という表現を使用することが許されています（日本語でも，比較的年配の人たちの中に，「コピーする」の代わりに「ゼロックスする」という表現を用いる人を時々見かけます）。コピー機の開発者である「ゼロックス社」がその特許を保

持し独占的に製造していた間は，a Xerox は「ゼロックス社製のコピー機」を表すだけでしたが，他社が製造を開始してからは，シネクドキによって，この a Xerox という個物が種となり，それをもって類ないしは一般的な事物としての「コピー機」を表すという用法が次第に普及していきました。(79)の a new Xerox が「新しいコピー機」という意味を表しているとするならば，それは固有名としての Xerox が，メトニミーとシネクドキという2つの段階を経て変化していったものと見ることができます。下の図は，このようなメトニミーとシネクドキの関係を描いてみたものです。

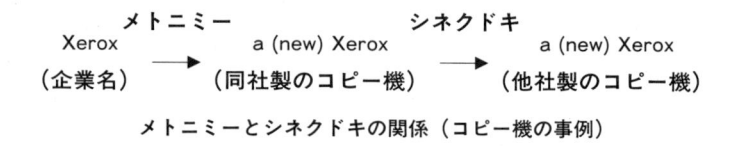

```
          メトニミー              シネクドキ
 Xerox    ──────▶   a (new) Xerox   ──────▶   a (new) Xerox
（企業名）         （同社製のコピー機）       （他社製のコピー機）
```

メトニミーとシネクドキの関係（コピー機の事例）

ところで，普通名詞化した a Xerox は，「ゼロックス社製のコピー機」だけではなく，「ゼロックス社製のコピー機による複写物」といった意味をも表すことができます。実際，前頁の (80) は，そうしたメトニミーに基づく事例の1つです。ただし，シネクドキによる転義を経たものと見なすならば，「他社製のコピー機による複写物」という意味を表すものとして解釈することも可能です。もちろん，その場合には，次頁に示した図のように，メトニミーからシネクドキへという2つの段階を経て，「他社製のコピー機による複写物」という意味に到達したものとして理解する必要があります（「他社製のコピー機による複写物」という意味に到達する経路は，これ以外にも考えられますが，ここでは1種類だけ示しておきます）。

5・冠詞に関わる様々な問題

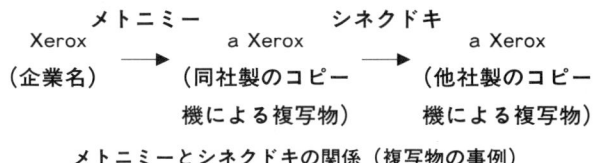

```
         メトニミー              シネクドキ
Xerox   ──────→   a Xerox   ──────→   a Xerox
（企業名）       （同社製のコピー          （他社製のコピー
                 機による複写物）          機による複写物）
```
メトニミーとシネクドキの関係（複写物の事例）

　ある特定の商品が一般に広まった結果，その生産者である企業の名前や商標が全体を代表する形で用いられるシネクドキの例は，他にも数多く知られています。

(81) She reached for *a Kleenex* and blew her nose.
（彼女はクリネックスティシューに手を伸ばし，鼻をかんだ）

(82) People use *Kleenex* to wipe their eyes (nose, glasses, etc.).
（みんな目（鼻，眼鏡など）を拭くのにクリネッスティシューを使う）

(83) I wrapped the pebbles I collected on the beach in *a piece of Kleenex*.
（浜辺で集めた小石をクリネックスティシューで包んだ）

(81)の場合，単なる「生産者－製品」というメトニミーにすぎないのであれば，「クリネックスティシュー」を指示するだけですが，もしこれがシネクドキ的な表現であるとするならば，「他社製のティッシュ」を指すものとして解釈されることになります。これに対して，(82)の文では，*Kleenex* に不定冠詞が付されていません。しかし，この *Kleenex* は固有名として用いられているのではなく，不可算名詞として用いられていると理解するべきで

しょう。というのは，(83)のように *a piece of* を伴った例も存在するからであり，この例の場合，*Kleenex* は「紙」を意味する *paper* などと同様，不可算名詞として用いられています。したがって，(82)および (83)も，メトニミーであれば，当然，「クリネックスティシュー」を指示していることになりますが，シネクドキであれば，とくに「クリネックスティシュー」を指示する必要はなく，「他社製のティシュ」であってもまったく差し支えありません（上記の例では，とりあえず「クリネックスティシュー」という日本語訳を付けておきました）。

次の例は，商標ないしは製品名がそのままシネクドキとして用いられるようになった比較的最近の事例です。

(84) I'd like to see *Walkmans* banned on public transportation.
（ウォークマンが公共輸送の中で禁止されるのを見たいものだ）

Walkman が発売された直後の1980年代初頭には，Walkman という語の複数形はどのように形成したらよいのかということが盛んに論じられましたが，最終的には，上例のように Walkmen ではなく Walkmans に落ち着いたようです。それはともかくとして，製品名が普通名詞の形で表現されているのは，「（ソニーの）ウォークマン」という画期的な新製品が種となり，シネクドキを通して，類である後続の「携帯型カセットプレーヤー」への一般化が図られたからです。

もっとも，商標や製品名が普通名詞の代わりに使われるという現象は，Xerox がそうであったように，けっして英語だけに見

5・冠詞に関わる様々な問題

られる特別なものではありません。日本語においても,「ホッチキス」,「クラクション」,「セロテープ」などのように,商標が普通名詞化しているケースはかなりの数に上っています。これらは,それぞれ「ステイプラー(針金綴じ機)」,「自動車の警笛」,「透明の粘着テープ」の代わりに,シネクドキとして使用されているものです。

ところで,これまでは種から類への一般化のシネクドキの例を見てきました。それに対して,非常に見落としがちではありますが,類から種へという逆のパターンをとるシネクドキも存在します。これは,一般的なレベルの類によって,より具体的・個別的な事物である種を表そうというもので,次に掲げた(85)は,普通名詞を出発点とし,少なくとも形式上,固有名として扱われるまでに至った典型的なケースです。

(85) The bank, post office and library are all on *Main Street* in our town.
(われわれの町では,銀行,郵便局,図書館はすべてメインストリート沿いにある)

普通名詞に定冠詞が付された the main street は,「本通り(一般)」を指しうるものですが,上例において,語頭を大文字で表記され,冠詞までも省かれた Main Street は,比較的限られたコミュニティ内ではあるものの,固有名として機能し,特定の通りを唯一的に直接指示しています。これに類似した例としては,River Road や Green Park などがありますが,これらもそれぞれ the river road および the green park という定冠詞を伴う記述的な表現から,シネクドキとして発達したものです。

こうした類から種へのシネクドキによって，ある特定の存在のみを唯一的に直接指示するようになった普通名詞は，固有名と同等の役割を果たすものとして扱うことが可能になります。ただし，語頭は大文字で表記されるようになるものの，定冠詞を伴わないケースはどちらかと言えば少ないようです。機能的には固有名と同等ではあっても，依然として定冠詞を伴っているため，形式的には普通名詞に近く，そうした意味では，両者の中間的存在としてとらえることができるかもしれません（文法書の中には，このような例を唯一的普通名詞(unique common noun)と呼んでいるものもあります）。一般的には，「大統領官邸」を意味する the White House をはじめとする複合語の中に，こうした類から種へのシネクドキの例を数多く見出すことができますが，次の例のように，複合語ではないケースもあります。

(86) We're going to have a day-trip across *the Channel*.
　　（私たちはイギリス海峡横断の日帰り旅行をする予定だ）
(87) I saw *a Channel* that looked quite different from the usual Channel.
　　（私はいつものとはまったく異なるイギリス海峡を見た）

通例，the channel は文脈の支えがあるかぎり，いかなる「その海峡」をも指示することができますが，the Channel と言えば，（少なくとも英国では）「イギリス海峡」を唯一的に直接指示するものとして解釈されます。(86)は，そうした例です。ところが，面白いことに，類から種へのシネクドキによって，固有名と同等の機能を確立したものが，再び普通名詞として用いられている例も見受けられます。(87)では，固有名扱いの the Channel が再び

5・冠詞に関わる様々な問題

普通名詞として機能し（ただし，語頭は大文字のままです），不定冠詞 a を伴っていますが，これは第2章で見た a kind / type of という判断基準にしたがっているためであると考えられます。すなわち，that looked quite different... という制限的な関係詞節の修飾を受けたことで，唯一的な存在としての対象を直接指示することから，指示対象のいつもとは異なる様相を描き出すことへと意味の重点が移っているのです。

　固有名に関わるメトニミーの場合，普通名詞化するケースとそうでないケースとがありましたが，種から類への一般化によるシネクドキの方は，固有名は必ず普通名詞化します。固有名が独自の名称を持った存在として社会的に認められている対象を直接指示しているのか，それとも本来の指示対象とは異なるものを指しているのかは，シネクドキについてはもちろんのこと，固有名と同じ形をとる可能性のあるメトニミーの場合であっても，場面や文脈の支えがあれば，ほぼ一義的に決まってきます。したがって，何を指しているのかを解釈することは，それほど困難を感じる問題ではないでしょうが，この2つの現象の存在を知っておくと，固有名の使い方を理解するのにかなり役立つかもしれません。

5．総和の問題

▶全体を意味する総和

　本章の中ですでに検討を加えたように，有界的なものとして認識され，可算名詞の形で言語化される名詞は，冠詞を付けずに複数形で用いた場合，総称的な意味を表すことができます。この「名詞の複数形」という表現形式は，集合の中から複数の見本を

●＋●＋●＋●＋●・・・・・・＋●

総和のイメージ

代表例として取り出し,それに基づいて集合全体に属している成員の特性を直接推定しようというものでした。しかし,こうした表現はあくまで集合に属している成員の特性を推定するためのものであって,すべての成員を指示することを目的として用いられるものではありません。

　すべての成員を全体的・集合的に指示したいときには,「the＋名詞の複数形」という別の表現形式を用いる必要があります。この「the＋名詞の複数形」という形式は,上図のように,可算名詞の形で言語化される対象を逐次加算していくことによって,ある完結した1つのまとまりを有する集合体を作り上げ,その成員を細大漏らさず全体的に指示することを意図したものです。そこには,「1つの例外もなく」,「1枚岩の状態で」といったニュアンスが強く込められています。この種の表現が成立するのは,第4章でも述べたように,定冠詞自体が指しうるものすべてを指しているという包括的な性格を有しているからです。本書では,このようにすべての成員を全体的・包括的に指すケースを総和(aggregate)と呼ぶことにしたいと思います。

　総和を意味する文については,普通名詞化した固有名を用いて説明するのが,最もわかりやすいかもしれません。まずは,次の2つの文を比較してみましょう。

(88) *Americans* are generous.
　　(アメリカ人は寛容だ)

5・冠詞に関わる様々な問題

(89) *The Americans* elected a new president last year.
(昨年, アメリカ国民は新しい大統領を選んだ)

まず, (88)の文で定冠詞 the を伴わずに複数形で用いられている Americans は, 前にも見た総称性を表すものです。一応は「アメリカ人」の特性を示してはいますが,「寛容なアメリカ人もいれば, そうでないアメリカ人もいる」といった具合に, ある程度例外の存在を認めたものとして解釈されます。

それに対して, 定冠詞が総和の意味を表すとするならば, (89)の文における The Americans は,「アメリカ国民全体」を指すものとして解釈されることになります。もちろん,「アメリカ国民全体」といっても, 選挙権のない未成年者や投票を棄権した人たちが存在するわけであり, また間接選挙という複雑な制度の下に大統領選が実施されていることまでをも考慮に入れるならば, 実際には,「アメリカ国民全体」を指すことはありえないと言えます。しかし, 法的に正当な手続きにしたがって大統領選が行なわれているかぎり, それは「アメリカ国民全体」の総意に基づいていると見なされるのであって, 総和を表す「the＋名詞の複数形」という形式を使用しても一向に差し支えありません。

総和の意味を表す例としては, このほかにスポーツ・チームの名称や音楽のバンド名などをあげることができるでしょう。

(90) What are *the New York Yankees* doing at this time of the year?
(この時期, ニューヨーク・ヤンキースは何をしているのか)

(91) *The Beatles* and their music continue to influence

what we know today as popular music.
(ビートルズと彼らの音楽は，今日われわれがポピュラー音楽として知っているものに対して影響を与え続けている)

(90)はアメリカ大リーグの「ニューヨーク・ヤンキース」(「ヤンキーズ」と表記した方が，原音には近いのですが)を，また(91)は1960年代に活躍した「ビートルズ」を指しています。the Americans のような国民全体を表す事例などと比べると，構成員の数は非常に少ないことは確かですが，メンバーを逐次加算していくことによって，1つのまとまりを持った集合体を作り上げ，それを全体的・包括的に指示するという点では，先程の the Americans と本質的な違いがあるわけではありません。これらが同一の論理に基づくものであり，総和を表す例として理解するのが妥当であると言えるのは，(90)の場合，監督以下，数十人のメンバーが集まって「ヤンキース」全体を構成しているからであり，また(91)の場合は，4人のメンバーが全員集まった形で「ビートルズ」というバンドを形成しているからです。

同じような考え方にしたがった総和の例としては，このほかに国名や地名を表す表現をあげることができるでしょう。

(92) Is she from *America*?
(彼女はアメリカ出身ですか)
(93) The others are from Asia, Africa, Australia, Europe, and *the Americas*.
(その他の人たちはアジア，アフリカ，オーストラリア，ヨーロッパ，南北アメリカの出身です)

5・冠詞に関わる様々な問題

(92)の America が,「アメリカ（合衆国）」を指していることは言うまでもありません。それに対して,(93)において,定冠詞の the と複数であることを示す文法標識 -s を伴っている the Americas は,「南北アメリカ」を指しています。後者の場合,複数形をとっているのは,構成要素である North America と South America という 2 つの大陸を足し合わせた結果を表しているためです（辞書の定義によれば,Central America の存在はあまり意識されていないようです）。なお,これとまったく同じ原理に基づく例としては,the Germanys, the Koreas, the Vietnams などがあります。

さらに,こうした理解のしかたによって説明のつくケースとして,夫妻あるいは家族を表すときに用いられる表現をあげることができます。

(94) *The Smiths* are coming round tonight.
（今晩,スミス夫妻がやってくる）
(95) As far as I can recall, Patti was *a Smith*.
（私が覚えているかぎりでは,パティはスミス家の一員だった）
(96) *A Mrs Smith* wishes to speak to you.
（スミスさんという人があなたと話したいと言っています）

(94)の The Smiths は,「スミス夫妻」あるいは「スミス家」を意味しています。定冠詞と複数であることを示す -s を伴った形をとっているのは,Smith という同じ姓を持った人たち（例えば,Richard Smith, Mary Smith 夫妻（と,その子供 Patti

Smith など))が1つの家族を構成し,夫婦ないしは家族全体であることを表現しようとするものだからです。

　こうした夫妻や家族を意味する定冠詞つきの表現は,例えば Richard Smith という加算する前の固有名に還元できるだけでなく,(95)に示したように,固有名そのものに不定冠詞が付された形へと還元することもできます。この例において,Smith が不定冠詞 a を伴っているのは,a member of the Smiths という点を強調しているからであることはご存じの通りです。もっとも,同じ不定冠詞が用いられていても,それとはまったく異なる機能を果たしている事例も見かけます。(96)の A Mrs Smith は,「スミス家の一員」というよりはむしろ「スミスさんという人」という意味を表すものであり,あえて説明的に言い換えるならば,a certain (married) woman called Smith といった具合になるでしょう。

　以上のように,総和の意味を表すためには,「the＋名詞の複数形」という形式を用いるのが基本です。しかし,この形式が使用されているからと言って,つねに総和の意味を表しているわけではありません。

(97) *The Russians* stood on their chairs to get a better view.
　　 (そのロシア人たちはもっとよく見えるようにと椅子の上に立った)

確かに,上の文では,「the＋名詞の複数形」という形が用いられています。しかし,述部の表している意味を考えてみれば,「ロシア国民」全体を指しているのではないということはすぐにわか

5・冠詞に関わる様々な問題

るでしょう。正しく文を解釈するためには，前後関係や場面などを絶えず考慮に入れることが大切です。

▶多くの用例に当たり，英語の感覚を磨く

　この章では，冠詞が決定される基本的なしくみを離れて，冠詞に関わる様々な問題を取り上げてきました。長い年月をかけて機能語化することによって誕生した冠詞は，他の語と比べて使用される頻度が抜きん出て高いため，どうしても多くの厄介な問題を惹き起こしやすくなります。したがって，冠詞との関係で論じなければならない点は枚挙にいとまがないほどだと言ってもけっして過言ではありません。ここで扱えたのは，残念ながら，特定性，総称性，固有名と冠詞の関係，あるいは総和といったごく限られた問題についてだけでした。その他の問題については，ぜひとも他日を期したいと思います。

　さて，本書もいよいよ終わりに近づいてきたようです。繰り返し述べてきたように，冠詞は英語的な「もの」の見方やコミュニケーションの図り方を映し出した窓のようなものですから，冠詞のしくみがわかれば，英語の本質的な部分がよりはっきりと見えてくるはずです。本書において展開してきた議論は，冠詞のしくみについて考える上でのささやかな1歩にすぎないことは言を俟ちませんが，それでも今後遭遇するかもしれない多種多様な問題に対処するための手掛かりを，多少なりとも示すことはできたのではないかと思います。しかし，冠詞の使い方を自家薬籠中のものとするには，皆さん自身が英語を実際に使用することによって，多くの用例に当たっていく以外に方法はありません。皆さんのご健闘をお祈りしつつ，このあたりで筆を置くことにしたいと思います。

あとがき

　言うまでもないことですが，英語と日本語とはまったく異質な言語です。文字も違えば，発音の仕方も，そして語順をはじめとする文法体系も非常に異なっています。そのため，筆者自身の場合，中学校ではじめて英語に触れたときの驚きと喜びはそれなりに大きく，その後に登場してきた現在完了形や関係詞といった文法事項なども，どうしても嫌だというほどのものではありませんでした。当時は，まだ冠詞の使い方などに気を揉む必要がなかったという意味で，まさに英語との付き合いにおける蜜月だったわけです。

　高校に入っても，英語そのものに対する関心はまだ十分に残っていました。けれども，学校の授業にはあまり力が入らなかったため，英語の成績は浮きもせず沈みもせずという「中空飛行」の状態が長らく続きました。しかし，高校3年生の秋頃になると，そろそろ大学入試が近づいてきたということで，少しは真面目に英語の学習に取り組まねばならなくなりました。筆者の場合も，受験生のご多分に漏れず，電車の中や休み時間だけでなく授業中にも単語や熟語をとにかく懸命に覚え，練習問題を片端から解いていきました。その結果，語彙も少しずつではありますが増えはじめ，入試問題の英文もゆっくりながら何とか読めるようになっていきました。

　ところが，英語を書く段になると（といっても，和文英訳にすぎませんでしたが），どうもしっくりこない，あるいは納得のい

かない部分があることに気づきはじめました。それは、本書のテーマである「a なのか the なのか、それとも何も付けてはいけないのか」という冠詞の使い方についてでした。「関係詞節の先行詞には、必ず the を付けなければならない」と無邪気に信じていたのも、ちょうどこの頃です。「冠詞なんて中学 1 年のときに習ったはずであり、今頃、冠詞で頭を悩ませているのは自分だけだ」と勝手に思い込んでしまった筆者は、入試直前になって大学で英語を専攻することをあきらめ、急遽、経済学部へと進路を変更することにしたのです。

今思い返せば、英語の冠詞との長い付き合いがはじまる契機は、実にこのときに感じたある種のルサンチマン、つまり恨みからであったと言えるかもしれません。悲しいかな、筆者の場合、そうしたルサンチマンの呪縛からなかなか逃れることができず、例えば経済関係の英書を読んでいても、ついつい冠詞のことが気になってしかたがありませんでした。もちろん、経済の勉強が楽しくなかったわけではありませんが、結局、このルサンチマンをはらすために、またしても進路を変更し、冠詞の問題に取り組むことにしました。

やや奇妙に思われるかもしれませんが、本書を書くことになった 1 つの動機は、このような英語の冠詞に対する個人的なルサンチマンをはらすためでした。とは言っても、本書は冠詞への「恨み節」を綴ったものではけっしてありません。確かに、冠詞についての本をまとめるという行為は、これまで筆者が考えてきたことに可能なかぎり決着をつけるという意味で、ある種のカタルシスの役割を果たしたことは事実です。しかし、少なくとも気持ちの上では、冠詞のしくみを理解することによって、英語の本質的な部分に触れることができるのではないかということを多くの

あとがき

方々に知っていただきたい，あるいはそのような楽しみをぜひ分かちあいたいという願いを大いに込めて書いたつもりです。

　執筆に当たっては，読者の皆さんが英語を聞いたり読んだりする際により深い理解が得られ，また話したり書いたりするときに伝えたい内容を正確に表現できるようになることを目指し，冠詞の使い方がどのようなしくみに基づいて決定されているのかを，できるかぎり平易にかつ論理的に説明するように心掛けました。とくに学習者向けの英英辞典が掲げている用例や中学校で使用されている教科書の英文を具体例として数多く用いることにより，十分に説得力を持った説明になっているかどうかを絶えず検証するように努めました。

　もちろん，まだまだ筆者自身もきちんと整理できていないために，歯切れの悪い，あるいは明瞭に説明しきれていない箇所がかなり残っていることは否めません。しかし，どの冠詞を用いたらよいのかという問題には，本書の中で繰り返し述べたように，対象の解釈という話者自身による主体的な認知活動が入り込んでくるだけでなく，聞き手との間で共有している知識をつねに考慮に入れておくことがどうしても必要になります。そのため，冠詞についての完全に予測可能な規則，絶対的な規則といったものを一般化あるいは定式化することは不可能に近いという事実も，ぜひご理解いただけたらと思います。

　本書では，冠詞に対する現時点での筆者なりの考えを紙幅の許す範囲内で詳しく述べたつもりです。その中には，勇み足を覚悟の上，大胆な議論を展開したところもあります。本書が示した説明が成功したかどうかについては，大方のご批判を仰ぐほかはありません。また，明らかに誤りと考えられるところがあったり，まったくの思い違いをしていたりするかもしれません。筆者の至

らない点やお気づきの点については，色々とご教示いただけましたら幸いです。

　最後に，本書を出版するに際しては，多くの皆さんのお世話になりました。とりわけ，大修館書店編集部の米山順一・佐藤純子の両氏には，出版に至る過程で終始格別のご指導ご助言をいただきました。ここに記して，感謝を申し上げます。また，私事ではありますが，これまでの数回にわたる進路変更を許してくれた両親にも，改めて感謝の意を表したいと思います。少なくとも2人の支援がなければ，この本を書くまでには至らなかったからです。

　　　2002年3月
　　　春まだ浅い洛中にて

　　　　　　　　　　　　　　　　　　　　　　　石田秀雄

主要参考文献

本書で引用した例文は，主として1の英英辞典および中学校の教科書を出典としていますが，読みやすさを優先して，あえて出典を明記しませんでした。

1. 辞典・教科書

Chambers Essential English Dictionary
Cambridge International Dictionary of English
Collins COBUILD English Language Dictionary
Longman Dictionary of Contemporary English
The Newbury House Dictionary of American English
Oxford Advanced Learner's Dictionary of Current English
Penguin English Student's Dictionary
Random House Webster's Dictionary of American English

Columbus English Course（光村図書出版）
New Crown English Course / Series（三省堂）
Everyday English（中教出版）
New Horizon English Course（東京書籍）
One World English Course（教育出版）
Sunshine English Course（開隆堂出版）
(New) Total English（秀文出版）

2. 論文，著書および上記1以外の辞典

Allan, Keith. 1976. "Collectivizing." *Archivum Linguisticum* 7: 99-107.
―――. 1980. "Nouns and Countability." *Language* 56: 541-567.
安藤貞雄. 1983. 『英語教師の文法研究』. 大修館書店.
―――. 1985. 『続 英語教師の文法研究』. 大修館書店.
Berk, Lynn M. 1999. *English Syntax: From Word to Discourse.* New

York: Oxford University Press.
Berry, Roger. 1993. *Articles (Collins COBUILD English Guides 3)*. London: HarperCollins.
Bickerton, Derek. 1981. *Roots of Language*. Ann Arbor, MI: Karoma.（筧寿雄・西光義弘・和井田由紀子（訳）．1985．『言語のルーツ』．大修館書店．）
Bolinger, Dwight. 1977. *Meaning and Form*. London: Longman.（中右実（訳）．1981．『意味と形』．こびあん書房．）
Brown, Roger and Colin Fraser. 1963. "The Acquisition of Syntax." (in Charles N. Cofer and Barbara Musgrave (eds.) *Verbal Behavior and Learning: Problems and Processes*. New York: McGraw-Hill.)
Burton-Roberts, Noel. 1976. "On the Generic Definite Article." *Language* 52: 427-448.
Carlson, Greg N. 1979. "Generics and Atemporal *When*." *Linguistics and Philosophy* 3: 49-98.
Celce-Murcia, Marianne and Diane Larsen-Freeman. 1999. *The Grammar Book: An ESL/EFL Teacher's Course (Second Edition)*. Boston: Heinle and Heinle.
Chesterman, Andrew. 1991. *On Definiteness: A Study with Special Reference to English and Finnish*. Cambridge: Cambridge University Press.
智原哲郎・濱本秀樹・寺秀幸・石田秀雄．1995．『*English Energizer*（英文構成の基本——理論から実践へ）』．北星堂書店．
Christophersen, Paul. 1939. *The Articles: A Study of Their Theory and Use in English*. Copenhagen: Einar Munksgaard.
Close, R. A. 1981. *English as a Foreign Language: Its Constant Grammatical Problems (Third Edition)*. London: George Allen and Unwin.
Cook, John L., Amorey Gethin and Keith Mitchell. 1967. *A New Way to Proficiency in English*. Oxford: Basil Blackwell（升川潔・小林祐子（訳）．1974．『生きた英語の上達法——文法・語法の重点チェック』．研究社．）
ブレント=デ・シェン．1997．『英文法の再発見——日本人学習者のための文法・語法の解説と練習問題』．研究社出版．
Downing, Angela and Philip Locke. 1992. *A University Course in

主要参考文献

English Grammar. New York: Prentice Hall.
五島忠久・織田稔. 1977. 『英語科教育 基礎と臨床』. 研究社出版.
Grannis, Oliver C. 1972. "The Definite Article Conspiracy in English." *Language Learning* 22, 2: 275-289.
Green, Georgia M. 1996. *Pragmatics and Natural Language Understanding (Second Edition)*. Mahwah, NJ: Lawrence Erlbaum Associates.
Hall, Edward T. 1976. *Beyond Culture*. New York: Doubleday.
Halliday, M. A. K. and Ruqaiya Hasan. 1976. *Cohesion in English*. London: Longman.
Hawkins, John A. 1978. *Definiteness and Indefiniteness: A Study in Reference and Grammaticality Prediction*. London: Croom Helm.
Hewson, John. 1972. *Article and Noun in English*. The Hague: Mouton.
Hirtle, Walter H. 1982. *Number and Inner Space: A Study of Grammatical Number in English*. Quebec: Les Presses de L'Université Laval. (秋元実治(訳). 1992. 『数詞と内部空間――ギョーム理論から』. 勁草書房.)
池上嘉彦. 1983. 『詩学と文化記号論』. 筑摩書房. (1992. 講談社文庫版.)
―――. 1991. 『〈英文法〉を考える――〈文法〉と〈コミュニケーション〉の間』. 筑摩書房.
―――. 2000. 『「日本語論」への招待』. 講談社.
池内正幸. 1985. 『名詞句の限定表現』. 大修館書店.
岩崎研究会(編). 1981. 『英語辞書の比較と分析(第2集)』. 研究社.
Jackendoff, Ray S. 1972. *Semantic Interpretation in Generative Grammar*. Cambridge, MA: The MIT Press.
Kałuża, Henryk. 1968. "Proper Nouns and Articles in English." *International Review of Applied Linguistics* 6: 361-366.
金口儀明. 1970. 『英語冠詞活用辞典』. 大修館書店.
―――. 1977. 『現代英語の表現と語感』. 大修館書店.
Keene, Dennis and Tamotsu Matsunami. 1969. *Problems in English: An Approach to the Real Life of the Language*. Tokyo: Kenkyusha.
黒田和雄・Vincent Canty. 1986. 『英語は冠詞で完成する』. リーベ

ル出版.
小泉賢吉郎. 1989. 『英語のなかの複数と冠詞——日本人は本当に英語を理解しているか』. ジャパンタイムズ.
熊山晶久. 1985. 『用例中心 英語冠詞用法辞典』. 大修館書店.
Lakoff, George 1987. *Women, Fire, and Dangerous Things: What Categories Reveal about the Mind.* Chicago: The University of Chicago Press. (池上嘉彦・河上誓作他 (訳). 1993. 『認知意味論——言語から見た人間の心』. 紀伊國屋書店.)
Lakoff, George and Mark Johnson. 1980. *Metaphors We Live By.* Chicago: The University of Chicago Press. (渡部昇一・楠瀬淳三・下谷和幸 (訳). 1986. 『レトリックと人生』. 大修館書店.)
Langacker, Ronald W. 1987. *Foundations of Cognitive Grammar (Vol.1).* Stanford, CA: Stanford University Press.
―――. 1990. *Concept, Image, and Symbol: The Cognitive Basis of Grammar.* Berlin: Mouton de Gruyter.
Leech, Geoffrey. 1981. *Semantics: The Study of Meaning (Second Edition).* Harmondsworth, Middlessex: Penguin.
Lyons, Christopher. 1999. *Definiteness.* Cambridge: Cambridge University Press.
Master, Peter. 1996. *Systems in English Grammar: An Introduction for Language Teachers.* Englewood Cliffs, NJ: Prentice Hall Regents.
Matsui, Tomoko. 2000. *Bridging and Relevance.* Amsterdam: John Benjamins.
水野光晴. 2000. 『中間言語分析——英語冠詞習得の軌跡』. 開拓社.
中本恭平. 1994. 「English number をめぐって——英語辞書学の立場から」. (日本英語学会第12回大会ワークショップ発表資料.)
野内良三. 2000. 『レトリックと認識』. 日本放送出版協会.
織田稔. 1982. 『存在の様態と確認——英語冠詞の研究』. 風間書房.
―――. 1990. 『英文法学習の基礎』. 研究社出版.
大塚高信・中島文雄 (監). 1982. 『新英語学辞典』. 研究社.
マーク=ピーターセン. 1988. 『日本人の英語』. 岩波書店.
―――. 1990. 『続 日本人の英語』. 岩波書店.
Platteau, Frank. 1980. "Definite and Indefinite Generics." (in Johan Van der Auwera (ed.). *The Semantics of Determiners.* London:

主要参考文献

Croom Helm.)
Quirk, Randolph, Sidney Greenbaum, Geoffrey Leech and Jan Svartvik. 1972. *A Grammar of Contemporary English.* London: Longman.
―――. 1985. *A Comprehensive Grammar of the English Language.* London: Longman.
Radford, Andrew. 1990. *Syntactic Theory and the Acquisition of English Syntax.* Oxford: Basil Blackwell.
Rando, Emily and Donna Jo Napoli. 1978. "Definites in *There*-sentences."*Language* 54: 300-313.
Reid, Wallis. 1991. *Verb and Number in English: A Functional Explanation.* London: Longman.
Richards, Jack C., John Platt and Heidi Platt. 1992. *Longman Dictionary of Language Teaching and Applied Linguistics.* London: Longman.
Romaine, Suzanne. 1988. *Pidgin and Creole Languages.* London: Longman.
ピーター=ロス・ロス典子．1988．『原因別 日本人が間違いやすい英語』．朝日出版社．
斎藤武生・鈴木英一．1984．『冠詞・形容詞・副詞』(『講座・学校英文法の基礎3』．研究社出版．
斎藤武生・安井泉．1983．『名詞・代名詞』(『講座・学校英文法の基礎2』)．研究社出版．
坂原茂．2000．「英語と日本語の名詞句限定表現の対応関係」．(坂原茂．(編)．『認知言語学の発展』．ひつじ書房に所収．)
瀬戸賢一．1997．『認識のレトリック』．海鳴社．
―――．1997．「意味のレトリック」．(巻下吉夫・瀬戸賢一．『文化と発想のレトリック』．研究社出版に所収．)
正保富三．1996．『英語の冠詞がわかる本』．研究社出版．
Swan, Michael. 1995. *Practical English Usage (Second Edition).* Oxford: Oxford University Press.
高橋英光．1996．「間接照応と認知文法――その1」．『北海道大学文学部紀要』44 (3): 109-127．
武田修一．1998．『英語意味論の諸相』．リーベル出版．
田中茂範．1987．「冠詞の意味分析」．(田中茂範 (編)．『基本動詞の意味論――コアとプロトタイプ』．三友社出版に所収)．

―――. 1993. 『発想の英文法』. アルク.
Widdowson, H. G. 1977. *Teaching Language as Communication.* Oxford: Oxford University Press. (東後勝明・西出公之（訳）. 1991. 『コミュニケーションのための言語教育』. 研究社出版.)
―――. 1990. *Aspects of Language Teaching.* Oxford: Oxford University Press.
Wierzbicka, Anna. 1988. *The Semantics of Grammar.* Amsterdam: John Benjamins.
山梨正明. 1995. 『認知文法論』. ひつじ書房.
安井稔. 1978. 『新しい聞き手の文法』. 大修館書店.
―――（編）. 1996. 『コンサイス英文法辞典』. 三省堂.
Yule, George. 1998. *Explaining English Grammar.* Oxford: Oxford University Press.

3．コーパス

The British National Corpus
The Collins Wordbanks*Online* English Corpus

語句・用例索引

数字は本文中の頁を，*は非文法的であることを示しています。

A

ability	162	She has *the ability / a remarkable ability* to summarize an argument in a few words.
alligator	65	*Alligator* is tasty.
	65	*Alligator* is waterproof.
America	226	Is she from *America*?
	226	The others are from Asia, Africa, Australia, Europe, and *the Americas*.
Americans	224	*Americans* are generous.
	224	*The Americans* elected a new president last year.
apple	59	I ate *an apple* for dessert.
	59	Has the fruit salad got *any apple* in it?
	61	Peel and cut *four apples*. Mix the sugar with *the apples*.
arm → hand	138	She extended *an arm*, *the hand* full of grapes.

B

back	198	The garage is *in back of* the house.
	198	Three people can sit *in the back of* this car.
	199	We sat *at the back of* the bus.
	199	I found my tennis racket *at the back of* the cupboard.
	199	There's a garden *at the back of* / (AmE) *in back of* the house.

banana	58	Have *a banana*, Roger.
	58	Decorate the dessert with *sliced banana*.
baseball	34	*Baseball* is the national game of the US.
	34	He had *a baseball* and a couple of bats in his sports bag.
Beatles	225	*The Beatles* and their music continue to influence what we know today as popular music.
beaver	187	*A beaver* builds dams.
	187	*Beavers* build dams.
	187	*The beaver* builds dams.
	188	*A beaver* (is an animal that) builds dams.
	188	*A beaver* is a furry animal which is rather like a large rat with a big flat tail. *Beavers* live partly on land and partly in streams, where they make ponds by building dams.
beer	47	I prefer *draught beer* to *keg beer*.
	47	*Two beers*, please.
	48	They brew *several excellent beers* in this district.
best	153	He's *the best man* for the job.
	153	*Best buys* of the week are carrots and cabbages, which are plentiful and cheap.
blackboard	125	Go to *the blackboard*.
book	69	I'm reading *a book* by Graham Greene.
	69	She reads *books* already at age five.
	165	This is *the book* I bought yesterday.
	165	This is *a book* I bought yesterday.
	167	This is *the only book* I bought yesterday.
	167	This is *one of the books* I bought yesterday.
boy	103	*A group of boys* were playing football in the street.
	103	There's *too much boy* in the bathtub.

語句・用例索引

boy / girl	132	A boy and a girl were sitting on a bench. *The boy* was smiling but *the girl* looked angry.
bread	16	I baked *a loaf of bread*.
	16	Supermarkets sell *many different breads*, from French sticks to pitta bread.
brother	83	Do you have *any brothers*? Yes, I have one brother. (cf. sister)
bull terrier	184	*A bull terrier* makes an excellent watchdog.
	184	*Bull terriers* make excellent watchdogs.
	184	*The bull terrier* makes an excellent watchdog.
busy	100	I've had *a very busy three days*.

C

cake	63	I like *cakes*.
	63	Does Ken like *cake*?
captain	156	*The captain* of the football team encouraged the players.
	159	John is *(the) captain* of the football team.
(motor-)car	113	*The (= my) car* broke down again today.
	193	*A motor-car* is a practical means of conveyance.
	193	*The motor-car* is a practical means of conveyance.
	194	*Car* is the best mode of transport.
carrot	60	Have *some more carrots*.
	60	Did you put *any carrot* in this soup?
cat	66	After I ran over *the cat* with our car, there was *cat* all over the driveway.
	67	After I ran over *the cat* with our car, there were *pieces of the cat* all over the driveway.
	104	This room smells of *cat*. (cf. dog)

	169	This is *a cat* which I saw yesterday. (cf. girl)
cello → instrument	135	Peter took *a cello* from the case. *The instrument* was originally played by his great-grandfather.
Channel	222	We're going to have a day-trip across *the Channel*.
	222	I saw *a Channel* that looked quite different from the usual Channel.
charge	207	He was left *in charge of* the shop while the manager was away.
	207	The five children had been left *in the charge of* a teenage girl.
cheetah	190	*The cheetah* is the fastest of all the animals.
Chicago / Dallas	213	*Chicago* beat *Dallas*, 44-0.
chicken	55	I personally would rather roast *a chicken* whole.
	56	We're going to barbecue *chicken* tonight. (cf. sheep)
child	128	A: Let's sit and wait for *the children*. B: What children?
church	121	Our house is opposite *the church*.
class	132	She is in an art class. Kenji is in *the class*, too.
coffee	44	She drinks *coffee* for breakfast each morning.
	44	Do you want *a cup of coffee*?
	45	Brazil exports *a lot of coffee*.
	45	Three teas and *a coffee*, please.
	46	This is *good coffee*.
	46	This is *a nice coffee*.
	93	'Tea or *coffee*?' she asked.
	93	Would you like *some coffee*?
cold	129	I've got *a bad cold*.
	129	You've got *a terrible cold*.

語句・用例索引

control	**208**	Enemy forces are *in control of* the city.
	208	The city is *in the control of* enemy forces.
country	**164**	Turkey is *the country* which impressed me the most.
	164	Brazil is *a country* which is on the other side of the earth.

D

desk	**13**	*desk
		a desk
		two desks
		many desks
dinner	**42**	When do you have *dinner*?
	42	It was *a simple dinner*, but it was good.
	43	*four dinners* at £10 per person
	43	*A dinner* was held to celebrate the opening of the new hotel.
	43	Would you like to come over for *dinner* on Friday? (cf. meal)
dog	**54**	How could they eat *a dog*?
	54	*How could they eat *dog*?
	104	Her house smells of *dogs*. (cf. cat)
	127	Don't go in there, chum. *The dog* will bite you.
	127	Don't go in there, chum. *This / That dog* will bite you.
	127	Beware of *the dog*!
	182	When you saw *a dog*, were you frightened?
	182	When you see *a dog*, are you frightened?
dress → clothes	**139**	Mary *dressed* the baby. *The clothes* were made of cotton.

E

earth	**118**	The moon goes round *the earth*.
east	**195**	Which way is *east*?
	195	The sun rises in *the east* and sets in the west.
egg	**64**	I had *a boiled egg* for breakfast.
	64	You've got *egg* all down your tie.
estimated	**98**	*An estimated 15 million trees* were blown down.

F

family	**96**	*A new family* has / have moved in next door.
fire	**29**	Horses are afraid of *fire*.
	29	*A fire* broke out in the kitchens of the hotel.
firm	**94**	*My firm* was founded in the 18th century.
	94	*My firm* are wonderful. They do all they can for me.
first	**148**	This is *the first time* I've been to New York.
fish	**56**	Also three of *those dried fish* and some miso.
	56	Do you really eat *raw fish*?
flamingo	**190**	*The flamingo* is more famous than any other bird there.
flower	**115**	Look at *the flowers*.
foliage	**106**	*The fall foliage* was breathtaking this year. (cf. leave)
fox	**64**	*Foxes* are often nocturnal.
	64	Artificial fur is increasingly replacing natural furs such as mink and *fox*.
front	**197**	A van was parked right *in front of* my car.
	197	I prefer to travel *in the front of* the car.
full	**99**	It's been *a full six months* since I last heard from her.
future	**201**	Who knows what will happen *in the future*?
	202	Please be more punctual *in future*.

語句・用例索引

| | 202 | He has *a great future* ahead of him as an actor. |

G

gas	123	Don't forget to turn down *the gas* after half an hour.
girl	169	That is *the girl* whom I saw yesterday. (cf. cat)
glass	85	Is this *a glass*?
	85	A collection of *wine glasses* and *sherry glasses*
	85	Jane is a girl who wears *glasses*.
	85	Be careful with that vase; it is made of *glass*.
grammar	33	I find *German grammar* very difficult.
	33	I want to buy *a French grammar*.
grapefruit	59	*Grapefruits* were plentiful.
	59	*Grapefruit* is high in vitamin C.
guitar	181	I have *an old guitar*.
	181	I want *a new guitar*.

H

hair	101	He's starting to get *a few gray hairs* now.
	101	an old lady with *gray hair*
happy	100	She spent *a happy ten minutes* looking through the photos.
heaven	23	I had imagined that being married to Max would be *heaven* on earth.
	23	If there is *a heaven* on earth, this is it!
highest	150	What's *the highest mountain* in Europe?
Hiroshima	214	Now *Hiroshima* has declared that it will be a city of lasting peace.
	214	*No more Hiroshimas*.
history	27	It was a great date in *history*.

	27	China is a very big country with *a long history*.
	28	She read *a history of Peru*.
horse	**57**	I could eat *a horse*.
house	**170**	This is *the house* where I was born.

I

IBM	**212**	I bought *IBM* at 100.
	213	*IBM* was held up in traffic.
idea	**140**	Someone suggested a weekly get-together with our families included. Everyone liked *the idea*.
identical	**145**	This is *the identical room* we stayed in last year.
	145	They're wearing *identical clothes*.
information	**13**	*information* *an information *two informations **many informations*
iron	**36**	*Iron* rusts easily.
	36	My mother uses *an iron* to press my cotton shirts.

J

juice	**47**	He drinks *a lot of juice*.
	47	Two hamburgers and *two small orange juices*, please.

K

kitchen	**123**	Can you help me carry these dishes into *the kitchen*?
Kleenex	**219**	She reached for *a Kleenex* and blew her nose.

語句・用例索引

	219	People use *Kleenex* to wipe their eyes (nose, glasses, etc.).
	219	I wrapped the pebbles I collected on the beach in *a piece of Kleenex*.

L

lamb / chicken	**52**	*I like eating *lambs / chickens*.
	52	I like eating *lamb / chicken*.
language	**32**	*Language* is the life of the people who use it.
	32	Is English taught as *a foreign language* in Japan?
last	**154**	In *the last resort* we can always walk home.
	154	As *a last resort* we could borrow more money on the house.
lathe → machine	**135**	Bill was working at *a lathe* the other day. All of a sudden *the machine* stopped turning.
leave	**106**	John raked *leaves* all morning. (cf. foliage)
Leeds	**97**	*Leeds* was / were the better team.
left	**200**	In Britain cars are driven on *the left*.

M

Main Street	**221**	The bank, post office and library are all on *Main Street* in our town.
man	**113**	*Some man* at the door is asking to see you.
mango	**183**	She is slicing *a juicy mango*.
	183	I enjoy *a juicy mango*.
meal	**44**	After the movie we went for *a meal* in a Chinese restaurant. (cf. dinner)
metal	**42**	Early man learned how to use *metal* for weapons.
	42	Gold is *a valuable metal*.
Monroe	**216**	You'll never be *a Marilyn Monroe*.
moon	**118**	*The moon* rises at 6:30 p.m. tonight.

	118	Jupiter has at least *sixteen moons*.
more than one	75	*More than one school* has closed.
most beautiful	150	What's *the most beautiful mountain* in Europe?
	153	Isn't she *the most beautiful woman*?
	153	It was *a most beautiful morning*.
most interesting	111	She appeared to be *the most interesting person* in the room.
most kind	152	The idea of such a journey came about, I should point out, from *a most kind suggestion* put to me by Mr Farraday himself one afternoon almost a fortnight ago, when I had been dusting the portraits in the library. (cf. oddest)
mud	110	Did you know that you have **the mud / mud* on your coat?

N

navy	121	*The navy* is / are introducing a new class of warship this year.

O

oddest	152	Lucille wears *the oddest clothes*, my dear. (cf. most kind)
only	146	Since Bobby is *the only child*, his parents spoil him.
	146	Since Bobby is *an only child*, he totally lacks perseverance.
	146	As the birth rate falls, increasing numbers of children are *only children*.
	147	Bobby is *the only only child* in the class.

語句・用例索引

P

paper	**37**	She thought some Japanese houses were built with *paper*.
	37	I have to write *a paper* about volunteer work.
	37	This is *an English paper*.
past	**201**	*In the past*, he wrote with a pen; now he uses a computer.
pencil	**89**	This is *a pencil*.
	89	*This is *one pencil*.
	93	These are *pencils*.
	93	*These are *some pencils*.
people	**87**	We've invited *thirty people* to our party. (cf. person)
	87	The Germans are *generous people*.
	87	The Chinese are *a hard-working people*.
	87	*The peoples of Africa* have a rich history.
person	**86**	This elevator may only carry *eight persons*. (cf. people)
pizza	**62**	We went for *a pizza* together at lunch-time.
	62	The kids always want *pizza* on Sunday night for dinner.
poem	**191**	*The poem* should be read in silence, not the play.
	191	*A poem* should be read in silence, not a play.
	191	*A poem* should be read in silence, not declaimed.
	191	*The poem* should be read in silence, not declaimed.
possession	**209**	My solicitor is *in possession of* all the relevant facts.
	209	They now are *in the possession of* the police.
post office	**121**	Please take these letters to *the post office*.
	121	You can pay your phone bill at *a post office*.

potato	**61**	*mashed potato(es)*
present	**201**	The play is set *in the present*.
	202	She's busy *at present* and can't speak to you.
president	**123**	*The president* gave her approval for the interview.
	157	*the President* of the Royal Academy
	157	*a former President* of the Royal Society
	159	She's been chosen as *the new club president*.
	160	The Americans chose Bill Clinton as *president* / to be *president*.
principal	**156**	Ms. Wu is *the principal* of our local high school.
	158	Ms. Wu is *the principal*.
	158	Ms. Wu is *a principal*.

R

Rembrandt	**212**	This painting is *a Rembrandt*.
result	**160**	His broken leg is *the direct result* of his own carelessness.
	160	The failure of the company was *a direct result* of poor management.
revolution	**31**	The country seems to be heading towards *revolution*.
	31	The invention of air travel caused *a revolution* in our way of living.
right	**161**	People have *the right* to read any kind of material they wish.
	162	People have *a right* to worship as they choose.
	200	Keep to *the right*!
room	**22**	Oh, please, please make *room* for me.
	22	He took *a room* in a hotel in the town.

語句・用例索引

Russians	**228**	*The Russians* stood on their chairs to get a better view.

S

salmon	**52**	He caught *two large salmon* in the river.
	52	I like to eat *grilled salmon* with potatoes.
salt	**124**	Please pass *the salt*.
	124	Simmer the soup for 15 minutes and add *salt* to taste.
same	**143**	*The two Indians spoke *a same language*.
	143	The two Indians spoke *the same language*. (cf. similar)
	144	He took it off the top shelf and put it back in *the same place*.
	145	My sister and I have got *the same nose*, *the same hair* and *the same tastes* in clothes.
school → teacher	**136**	The mother teaches English at *a Japanese school*. She also helps *the English teachers*.
second	**148**	This is only *the second time* I've been to Germany.
	149	Tom is *the second son* —— he has an elder brother.
	149	My wife and I decided not to have *a second child*.
second tallest	**151**	Dalton is *the second tallest boy* in the class.
Shakespeare	**212**	*Shakespeare* takes up five feet of Dale's bookshelves.
sheep	**56**	Jim barbecued *a sheep* to celebrate. (cf. chicken)
shirt / shoes	**116**	I just bought a new shirt and some new shoes. *The shirt* was quite expensive, but *the shoes* weren't.

sight	209	The ship sank when they were *in sight of* land.
	209	All men and women are equal *in the sight of* God.
silence	26	There was *silence* in the theatre as the curtain rose.
	26	There was *a long silence* after she had finished speaking.
similar	143	The two Indians spoke *a similar language*.
	143	*The two Indians spoke *the similar language*. (cf. same)
sister	83	Yuji, do you have *a sister*?
		No, I don't. But I have a brother. (cf. brother)
Smith	227	*The Smiths* are coming round tonight.
	227	As far as I can recall, Patti was *a Smith*.
	227	*A Mrs Smith* wishes to speak to you.
Sony	210	*Sony* has more than 500 PlayStation titles in the U.S. alone.
	211	It's *a Sony*.
spa	215	In the 1800s rich people went to *European spas* to help cure muscle pain.
space	21	There is *space* for three cars in this garage.
	21	Is there *a space* for the car in the firm's car park?
	22	The USA sent a research satellite into *space*.
spaceship / man	140	No one saw *the big spaceship* over the Browns' house. No one saw *the little orange men*. Only Pete saw them.
stone	36	The wall was of concrete, forced with *stone*.
	36	He threw *a stone* at the dog.
store	133	John's mother works in a store. His father works in *a store* too.
sugar	49	Do you take *sugar* in your coffee?

語句・用例索引

	49	*How many sugars* do you like in your coffee?
	49	Glucose and lactose are *sugars*.
sun	**118**	*The sun* is the center of our solar system.
	120	A *pale, wintry sun* shone through the clouds.

T

taxi	**91**	Let's take *a taxi* to Kyoto Station.
	91	Let's take *one taxi* to Kyoto Station.
taxi → driver	**136**	I had to get *a taxi* from the station. On the way *the driver* told me there was a bus strike.
telephone	**192**	*The telephone* was invented by Alexander Bell.
	192	*The telephone* is ringing.
tiger	**187**	*A tiger* is becoming almost extinct.
	187	*Tigers* are becoming almost extinct.
	187	*The tiger* is becoming almost extinct.
time	**26**	*Time* flies.
	26	You lived in London for *a time*, didn't you?
top	**116**	My office is at *the top* of the building.
travel → flight	**139**	Mary *travelled* to Munich. *The flight* was long and tiring.
travel → journey	**139**	Mary *travelled* to Munich. *The journey* was long and tiring.
trousers → pants	**134**	Fred was wearing *trousers*. *The pants* had a big patch on them.
turkey	**55**	Traditionally, many North Americans have *a roast turkey* for Thanksgiving dinner.
	55	We had *roast turkey* for dinner.
TV	**19**	I've been watching *TV* all afternoon.
	19	We're getting *a new TV*.

V

view	**209**	*In view of* the worsening weather perhaps we should wait till tomorrow.
	209	*In the view of* the Court the sentence was too lenient.

W

Walkman	**220**	I'd like to see *Walkmans* banned on public transportation.
war	**30**	Why, why do men make *war*?
	30	Do you think we can survive *a nuclear war*?
Washington	**213**	*Washington* is insensitive to the needs of the people.
water	**41**	There is *hot and cold running water* in all the bedrooms.
	41	*A water containing no chemical* is pure.
week	**92**	There are seven days in *a week*.
	92	seven days in *one week*
what	**81**	*What sport* do you like the best?
	81	*What sports* do you play, Lanmei?
which	**82**	*Which sport* do you play?
	82	*Which three things* do you treasure most?
window	**125**	Would you mind if I closed *the window*?
	125	Close *the windows*.
wine	**39**	We drink *red wine* with dinner every day.
	39	I was impressed by *a wine from Friuli*.
	40	*red wines*
winter	**203**	*Winter*'s a depressing season.
	203	In *the winter* the nights are long and cold.
	203	I like *(the) winter* best.
	203	Are you going to visit Europe during *the winter*?
	205	*Winter* in 1963 was not cold like this winter.

語句・用例索引

	205	*The winter* of 1963 was an exciting time.
	205	*The winters* in Wyoming are very cold.
	206	*Two winters* ago, as Taylor tried desperately to revive his career, he spent *a winter* in the Aussie outback playing for a little-known team called North Kalgoorlie.
	206	It's been *a surprisingly mild winter*.
wood	**39**	Tables are usually made of *wood*.
	39	Pine is *a soft wood* and teak is *a hard wood*.
world	**119**	She has sailed around *the world*.
	119	There may be *other worlds* out there.
worm	**105**	The apples are full of *worms*.
	105	I've been collecting *worm* for fish bait.

X

Xerox	**217**	We bought *a new Xerox* at 7,000 dollars.
	217	I made *a Xerox* of my report.

Y

Yankees	**225**	What are *the New York Yankees* doing at this time of the year?

Here's	**178**	Here's *the shop* I was telling you about.
	178	Here's *a summer soup* that is almost a meal in itself.
There is	**171**	There is *a motorcycle* in the garage.
	171	There is *the motorcycle* in the garage.
	173	*The motorcycle* is in the garage.
	174	There is *a vase* on the table.
	174	*A vase* is on the table.
	174	The table has *a vase* on it.

0·001	78	*0·001 kilograms*
0.473	78	16 US fluid ounces = 1 US pint = *0.473 litre*
0.6 / 0.5	78	(Br) (Am)
		1 pint *0.6 litres* *0.5 litres*
twenty	98	*Twenty miles* is a long way to walk.
50,000	98	He'll get *£50,000* from the company when he retires which is a tidy (= large) sum.

[著者紹介]
石田秀雄（いしだ　ひでお）
1958年東京都生まれ。上智大学経済学部および外国語学部を卒業後，東北大学大学院経済学研究科，大阪教育大学大学院教育学研究科，北海道大学大学院文学研究科で学ぶ。現在，京都女子大学短期大学部教授。専攻は英語教育学，英語学。

わかりやすい英語冠詞講義
©ISHIDA Hideo, 2002　　　　　　　　　　NDC837／viii, 258p／19cm

初版第1刷発行——2002年3月20日
第9刷発行——2010年9月1日

著者—————石田秀雄
発行者————鈴木一行
発行所————株式会社大修館書店
　　　　〒101-8466　東京都千代田区神田錦町3-24
　　　　電話　03-3295-6231 販売部／03-3294-2357 編集部
　　　　振替　00190-7-40504
　　　　[出版情報] http://www.taishukan.co.jp

装丁者————江畑雅子
印刷所————藤原印刷
製本所————難波製本

ISBN978-4-469-24475-5 Printed in Japan
R本書の全部または一部を無断で複写複製（コピー）することは，
著作権法上での例外を除き禁じられています。

語義イメージで知る英単語のネットワーク

英語語義
イメージ辞典

政村秀實［著］　Paulus Pimomo［英文校閱］

多義語を正確に理解するには、中核的な語義のイメージを把握するのが早道だ。本辞典では、基本語約3000語の語義イメージを多数の例文を駆使して解説し、約4000語の派生語・関連語を示し、さらなる理解をうながす。『読む辞典』としての価値も高く、基本的で重要な英単語のネットワークを短期間に獲得できる。派生語・関連語は索引からの検索が可能。著者は『アクティブジーニアス英和辞典』『ヤングジーニアス英和辞典』の編集委員。

●四六判・530頁

本体3700円

大修館書店　　書店にない場合やお急ぎの方は、直接ご注文ください。Tel 03-3934-5131

根本理解！
やり直し英文法

鈴木寛次・三木千絵【著】

『根本理解！やり直し英文法 English Grammar 鈴木寛次・三木千絵』

●A5判・322頁　定価2,310円（本体2,200円）

基本の総復習から「例外」の謎解きまで!!

網羅的な文法書だが、「引く」より「読む」ことを前提とした記述、各章「初級」「中級」「発展」から成る構成により、どんなレベルの読者でも気軽に読める。英文法の通時的（英語史の中の現代英語）・共時的（ヨーロッパ言語の中の英語）考察による「例外」等の解明は、新鮮な驚きを与えてくれるだろう。

目次			
1	名詞	11	不定詞
2	動詞	12	分詞
3	時制	13	動名詞
4	助動詞	14	前置詞
5	代名詞	15	接続詞
6	冠詞	16	仮定法
7	形容詞	17	命令法
8	数詞	18	受動態
9	副詞	19	話法
10	比較	20	特殊構文

大修館書店　　書店にない場合やお急ぎの方は、直接ご注文ください　☎03-3934-5131

定価＝本体＋税5％（2010年9月現在）

Standard English Grammar

スタンダード英文法

中島平三◎著

●A5判・160頁
定価1,260円
(本体1,200円)

新しい大学英文法テキスト！

英文法概論用の新しいテキスト。「主語」→「助動詞」→「動詞」…と、英文が構成されている順序に解説を進めてゆくことで、英文法の知識だけではなく、英文の構造も掴めるようになっている。伝統文法に新しい知見も加味した、これまでとはひと味違ったコンパクトな「大学英文法テキスト」の誕生。

▶主要目次 はじめに／第1章 文／第2章 主語／第3章 助動詞／第4章 動詞／第5章 目的語／第6章 補部／第7章 付加部／第8章 従属節／主要参考文献／索引

大修館書店　書店にない場合やお急ぎの方は、直接ご注文ください　☎03-3934-5131

英語語彙指導ハンドブック

門田修平・池村大一郎(編著)

「オーラルイントロダクションで語彙を導入したい」「訳語を用いて語彙を導入したい」「単語集を用いて語彙指導などのように行うか」…それぞれの場面で効果的な語彙指導の手順と導入方法を示す。また、なぜ、その語彙指導が効果的なのかという疑問にデータを交えながら解説していく。

語彙指導のバイブル誕生！

●A5判・338頁
定価2,625円(本体2,500円)

◆主要目次
第1章　効果的な語彙の導入 (1)
第2章　効果的な語彙の導入 (2)
第3章　語彙の定着を図る指導
第4章　語彙を増やす指導
第5章　さまざまな語彙指導
第6章　入門期・再入門期の語彙指導
第7章　語彙のテスティング
第8章　語彙はいかにして蓄えられているか
第9章　語彙習得のモデル
第10章　語彙と文法はいかに関連しているか
第11章　バイリンガルレキシコン
第12章　コンピュータの活用法
おわりに　課題と展望

大修館書店　書店にない場合やお急ぎの方は、直接ご注文ください　☎03-3934-5131

定価＝本体＋税5％(2010年9月現在)

英語感覚が身につく実践的指導 コアとチャンクの活用法

田中茂範・佐藤芳明・阿部 一 著

コアとチャンクで英語力アップ！

暗記に頼りがちだったイディオムや文法事項などを、
意味の中心的概念（コア）を基に新たな視点で解説する。
また、情報の最小単位（チャンク）の活用で真の英語コミュニケーション力の養成を図る。
さらに、各章に授業向けにコアとチャンクを使った指導のアイディアを加え、
授業での効果的な活用法を提案する。

目次
語彙編―基本動詞の意味世界／語彙編―前置詞の意味世界／文法編―新しい教育英文法の考え方
チャンキング・メソッド―会話と読解／チャンクを使うノウハウ

●A5判・280頁
定価1,890円（本体1,800円）

大修館書店 書店にない場合やお急ぎの方は、直接ご注文ください ☎03-3934-5131

すぐれた英語授業実践 よりよい授業づくりのために

樋口忠彦／緑川日出子／髙橋一幸【編著】
●A5判・289頁　定価2,310円（本体2,200円）

特色ある授業実践とその徹底した分析

「授業名人」のすぐれた中高の授業実践を、指導案やワークシートなど資料も含めて詳しく紹介する。さらに授業者本人の自己分析、観察者からの徹底した分析と改善の提案を具体的に示し、すべての英語教師にとって参考になるよりよい授業設計のヒントと授業改善の視点を提示する。

目次 ▶ 【プロローグ】よりよい授業実践を求めて／第1章 英語で授業を進めるために／第2章 面白い、わかる、使える文型・文法事項の指導／第3章 コミュニケーション、自己表現活動とその橋渡し活動／第4章 効果的なリスニング指導／第5章 効果的なリーディング／ライティング指導／第6章 さまざまな指導のコツ／【エピローグ】授業改善のための指針と方向

大修館書店 書店にない場合やお急ぎの方は、直接ご注文ください ☎03-3934-5131

定価＝本体＋税5％（2010年9月現在）

実例で学ぶ認知言語学
Cognitive Linguistics: An Introduction

デイヴィッド・リー [著] 宮浦国江 [訳]
●A5判・320頁 定価2,730円（本体2,600円）

認知言語学の豊饒な世界へ導く13章――

認知言語学の基本概念を、中心的な課題を網羅しつつ簡潔に記述し、豊富な英語例文や図解に工夫をこらしたわかりやすいテキスト。語用論を視野に入れて談話レベルの研究にも言及している点に、先進性もうかがわれる。各章の練習問題は、原書発行後、著者が改訂したものを収録した。

◆主要目次
- 第1章 基本概念
- 第2章 空間
- 第3章 空間的意味からの拡張
- 第4章 放射状カテゴリー
- 第5章 構文
- 第6章 メンタル・スペース
- 第7章 言語変化
- 第8章 可算名詞と質量名詞
- 第9章 動詞の完了用法と未完了用法
- 第10章 因果構造と動作主性
- 第11章 認知言語学と談話分析
- 第12章 ディスコースの構築主義的プロセス
- 第13章 創造性と意味の性質

大修館書店　書店にない場合やお急ぎの方は、直接ご注文ください　☎03-3934-5131

英語習得の「常識」「非常識」
第二言語習得研究からの検証

英語習得の「定説」「俗説」そのウソ・ホント。

白畑知彦 [編著]
若林茂則／須田孝司 [著]

「英語は早期教育で決まる」「英語は『右脳』で学習する」「聞くだけで英語はできるようになる」…などなど、外国語学習について多くの「定説」「俗説」が巷に流布しているが、果たしてその根拠は？あやふやな「説」を何となく信じてしまわないために、第二言語習得研究で明らかにされた客観的データをもとに、そのウソ・ホントを検証する。

主要目次
「母語は模倣によって習得する」のか？／「生まれつき備わっている言語習得能力がある」のか？／「教科書で習った順番で覚えていく」のか？／「繰り返し練習すると語学は身につく」のか？／「言語学習は音声から導入されるべき」か？／「聞くだけで英語はできるようになる」のか？／「多読で英語力は伸びる」のか？／「教師が誤りを直すと効果がある」のか？／「ものおじしない性格の人は第二言語習得に向いている」のか？　他

●A5判・194頁
定価1,785円（本体1,700円）

大修館書店　書店にない場合やお急ぎの方は、直接ご注文ください　☎03-3934-5131

定価＝本体＋税5％（2010年9月現在）

英語ジョーク見本帖

丸山孝男【著】

●四六判・232頁　定価1,575円（本体1,500円）

ジョークがわかる使える、好評の第2弾！

ジョークも英語も慣れることから。好評を博した『英語 ジョークの教科書』の姉妹版。テーマ、ジャンル別の、新たな400ジョークでジョークの笑いがみえてくる。全ジョークに日本語訳付き。英語に関するヒント、笑いのツボへの解説も充実。気の利いたジョークで、あなたの人生も変わる!?

大修館書店　　書店にない場合やお急ぎの方は、直接ご注文ください　☎03-3934-5131

[例解] An Illustrative Guide to English Article Usage
現代英語冠詞事典

樋口昌幸＝著　　マイケル・ゴーマン＝協力

本書の特色

- ■**膨大な用例**——冠詞コーパスとも呼べるほど、膨大な用例を収集。徹底したデータ主義を貫いた。
- ■**記述の手法**——〈冠詞つきの用例〉と〈無冠詞の用例〉とを常に対比させることで、冠詞の意味を浮かび上がらせた。
- ■**本質に迫る**——複雑多岐に亘るとされていた冠詞の用法を、7つの原理にまとめ、冠詞の本質を導き出した。
- ■**ネイティブの協力**——ネイティブとの地道な共同作業により、信頼性の高い分析が実現した。
- ■**検索辞典**——充実した「索引」は、英語を使う際の実用的な検索辞典としても活用できる。

●A5判・528頁　定価**3,570**円（本体3,400円）

大修館書店　　書店にない場合やお急ぎの方は、直接ご注文ください　☎03-3934-5131

定価＝本体＋税5%（2010年9月現在）